Das persönliche Geburtstagsbuch

für

18. Oktober

Das persönliche Geburtstagsbuch

18. Oktober

Umschlagbild:
Vincent van Gogh (1853–1890)
Herbstlandschaft

Herausgegeben von Martin Weltenburger
nach einer Idee von Christian Zentner

Autoren und Redaktion:
Hademar Bankhofer, Dr. Reinhard Barth,
Friedemann Bedürftig, Lieselotte Breuer,
Mathias Forster, Hansjürgen Jendral,
Thomas Poppe, Günter Pössiger,
Vera Roserus, Sabine Weilandt

Bildbeschaffung:
Redaktionsbüro Christian Zentner

Mit (SZ) gekennzeichnete Beiträge:
Mit freundlicher Genehmigung der Süddeutschen Zeitung.

Satz: IBV Lichtsatz KG, Berlin
Druck und Bindung: May + Co Nachf., Darmstadt
Printed in Germany

VORWORT

So ein Geburtstag ist, wie man weiß, ein wahrlich herzerquickendes Ereignis. Es wird schon seit urdenklicher Zeit gefeiert: Das erste Geburtstagskind dürfte vermutlich Adam gewesen sein. Man kann mit gutem Gewissen annehmen, daß sich Adam spätestens an jenem Tag, da er erstaunt seine eigene Existenz zur Kenntnis nahm, ernsthafte Gedanken gemacht haben dürfte, wie er diese Weltpremiere feierlich begehen könnte – und seitdem betrachten wir Menschen die einmalige Tatsache, daß wir auf der Welt sind, alljährlich als freudigen Anlaß zu einem Fest.

Wie dem auch sei, man geht allgemein von der Annahme aus, daß so ein Geburtstag ein erfreulicher Feiertag ist (man könnte ihn auch als »Privat-Weihnachten« bezeichnen) und das, obwohl seit jeher alle Neugeborenen das Licht der Welt instinktiv mit angstvollem Geschrei zu begrüßen pflegen.

Was dem Geburtstag seinen besonderen Status verleiht, das ist seine unverwechselbare Exklusivität: Es gibt nämlich keinen wie immer gearteten Erdenbürger, der in der Lage ist, ein und denselben Geburtstag mehrmals zu feiern. Ausgenommen vielleicht Damen. Oder Herren. Und natürlich Politiker.

Demnach ist also ein Geburtstag ein ziemlich elastisches Ereignis, obwohl uns Mutter Natur in unmißverständlicher Weise an die dahinfließende Zeit gemahnt – mit Jahresringen sowohl an den Bäumen als auch unter unseren Augen.

Doch von diesen zwiespältigen Gaben der Natur abgesehen, gibt es noch weitere Indikatoren: Je höher die Zahl der absolvierten Geburtstage, desto höher die Stockwerke und länger die Nächte, desto älter unsere Freunde und jünger die Polizisten.

Wie dem auch sei, ich meinerseits möchte dem freundlichen Leser einen ebenso freundlichen Ratschlag geben: Egal, um den wievielten Geburtstag es sich handeln mag, man begehe ihn mit gebührendem Stolz! Wenn schon aus keinem anderen Grund, dann aus dem, daß es einem nichts nützt, nicht stolz zu sein.

Dazu allerdings empfiehlt es sich, daß der reifere Mensch nicht die Anzahl seiner Jahre herunterschwindelt. Im Gegenteil, er soll sie hochspielen. Genau das ist nämlich mein System: An meinem 50. Geburtstag tat ich kund, daß ich schon 57 sei, und alle überschlugen sich vor Begeisterung über meine körperliche Rüstigkeit und meinen junggebliebenen Geist. »Man käme nicht im Traum auf die Idee, daß du schon so alt bist«, sagten meine Geburtstagsgäste und klopften mir auf die Schulter, »niemand würde dir mehr geben als 52 bis 53 Jahre«.

Ich schmunzelte zufrieden in mich hinein. In Wahrheit war ich 48.

Ephraim Kishon

INHALT

Prominente Geburtstagskinder

Geboren am 18. Oktober

Pius II. (1405)
Luca Giordano (1634)
Prinz Eugen (1663)
Canaletto (1697)
Heinrich von Kleist (1777)
Christian Friedrich Schönbein (1799)
Friedrich Hoffmann (1818)
Friedrich III. (1831)
Henri Bergson (1859)
Lotte Lenya (1900)
Pierre Elliott Trudeau (1919)
Klaus Kinski (1926)

Pius II. (1405)

Italienischer Papst

Pius II. stammt aus armem Adelsgeschlecht. Humanistisch gebildet, kam er als Sekretär des Bischofs Capranica zum Basler Konzil. Dort wurde er eifriger Anhänger der Konzilspartei und zuletzt Sekretär des Gegenpapstes Felix V. 1442 trat er in die Dienste des deutschen Königs

Papst Pius II.

Friedrich III. Hatte er, künstlerisch und wissenschaftlich reich begabt, seither ein sittlich ungebundenes Leben geführt, so wechselte er nun wie in der Kirchenpolitik, so in der Lebenshaltung seinen Kurs. Er sprengte in Frankfurt den gegen Rom gerichteten Kurfürstenbund und trat auf die Seite des siegreichen Papstes Eugen IV. Jetzt nahm er auch die höheren Weihen, wurde 1447 Bischof von Triest, 1450 von Siena, 1456 Kardinal. Gegenüber der kirchlichen Opposition, die sich auf seine eigenen früheren Anschauungen berief, verwarf er, Papst geworden, in der Bulle Execrabilis (1460) jede Appellation vom Papst an das Konzil und bedrohte sie mit dem Anathem. In der Retraktationsbulle In minoribus agentes von 1463 sagte er sich feierlich von seiner früheren Politik, Lebensweise und Schriftstellerei los. Von Ludwig XI. erreichte er 1461 die Aufhebung der nationalkirchlichen Grundsätze der pragmatischen Sanktion von Bourges (1438). Seine Hauptbemühungen galten einem allgemeinen Kreuzzug gegen die Türken, den er anstrebte. Ein Fürstenkongreß, zu dem er 1460 nach Mantua einlud, stieß ebenso wie die Kreuzzugsbulle von 1463 auf wenig Geneigtheit. Um die Fürsten für die Sache zu gewinnen, faßte er den Entschluß, sich selbst an die Spitze des Kreuzzugsheeres zu stellen. Doch kam er nur bis Ancona, wo sich die Kreuzzugsflotte versammelte. Dort ist er am 15. August 1464 gestorben. Der Kreuzzug, dessen Seele er gewesen war, ist nicht zustande gekommen.

Luca Giordano (1634)

Italienischer Maler

Giordano muß zwischen 1650 und 1654 zum erstenmal in Venedig gewesen sein; frühe Bilder befinden sich in venezianischen Kirchen. 1667 reiste er ein zweites Mal in die Lagune. Er gilt als Hauptvertreter der »corrente neoveneziana« in Neapel, die in Rom schon von Cortona, Mola u. a. eingeführt worden war, und wurde wegen seiner ungewöhnlich großen künstlerischen Fruchtbarkeit

»Luca fa presto«, wegen seiner Wandlungsfähigkeit »Proteo della pittura« genannt. 1679 bis 1682 malte er mit Unterbrechungen den Palazzo Medici-Riccardi in Florenz aus; 1692 bis 1702 arbeitete er als Hofmaler des Königs von Spanien, 1695 bis 1696 in Guadaloupe. 1702 kehrte er über Genua, Florenz und Rom nach Neapel zurück. Die Zahl seiner Ölbilder wird auf fast 5000 geschätzt. In dem spanischen Jahrzehnt entstanden allein in offiziellem Auftrag 126 Gemälde. († 1705)

Prinz Eugen (1663)

Savoyardischer Feldherr

Die faszinierende Persönlichkeit des Prinzen »Eugenio von Savoy« durchleuchtete sein Jahrhundert. An den Lagerfeuern der Soldaten sang man das Lied vom »edlen Ritter«, und Friedrich der Große schrieb von ihm: »... er regierte nicht nur die österreichischen Erblande, sondern auch das Reich. Eigentlich war er Kaiser...« Klein und unansehnlich von Gestalt, am Hofe des Sonnenkönigs aufgewachsen und französisch erzogen, ist dieser Prinz italienischen Geblütes ein europäischer Deutscher, der Vorkämpfer Europas, der »Begründer der Donaumonarchie« geworden. Im Dienst dreier habsburgischer Kaiser stieg er vom einfachen Offizier zum Feldmarschall, zum »Präsidenten des Hofkriegsrates« und Reichsmarschall auf. Seine große Seele plante die europäische Konzeption einer wirklichen und dauernden Verständigung mit dem seegewaltigen England, wobei die Meere und fernen Kontinente England, Europas Führung dem deutschen

Prinz Eugen

Habsburgerreich zufallen sollte. In seiner Freundschaft mit dem Herzog von Marlbourough glaubte er die Garantie für die Verwirklichung seines Lebensplanes zu halten. Da machte 1712 England den Schwenk, von dem Winston Churchill in der Biographie seines Ahnen sagte: »Nichts in der Geschichte zivilisierter Völker hat diesen schwarzen Verrat übertroffen.« Die Krönung eines jahrzehntelangen Ringens, der reife, sichere Endsieg über Europas Zwietracht war vereitelt. Die Gründung und Festigung der Donaumonarchie, die dann durch zwei Jahrhunderte allen Stürmen standhalten sollte, war eine Beschneidung des kontinentweiten Planes des Prinzen Eugen, groß genug, die Bedeutung seiner Gestalt für alle Zeiten zu sichern, aber tragisch in sich, nicht nur für ihn, sondern für das ganze Abendland. Der Prinz war ein feinsinniger und wissender Kunstkenner, Kunst- und Büchersammler, dem die Stadt Wien erlesene Bauwerke und eine berühmte Bibliothek verdankt. († 21. 4. 1736)

Canaletto (1697)

Italienischer Maler

Durch Canaletto hat die Vedutenmalerei des 18. Jahrhunderts ihren Stil und ihr großes Ansehen erlangt. Der Künstler hat als Sohn des Theatermalers Bernardo Canaletto, von dem er in alle Künste der perspektivisch dekorativen Bühnenausstattung eingeführt wurde, eine treffliche Vorbildung erhalten, denn die Vedute stellte eine Verbindung von Landschafts- und Bühnenmalerei dar. Schon mit 22 Jahren hängte Canaletto den Beruf des Vaters an den Nagel und begab sich nach Rom zu seinem Landsmann Pannini, 1691 bis 1768, der schon begonnen hatte, die Tempel und Ruinen der Stadt in archäologisch beschreibenden und malerisch anschaulichen Ansichten wiederzugeben. Nach Venedig zurückgekehrt, malte Canaletto nun die Veduten der Kanäle, Plätze und Kirchen der Stadt, wobei er die genaue Zeichnung der Bauwerke mit einem Schleier schimmernder Lufttöne überzog und in eine schöne Perspektive rückte. Er fand einen Gönner in dem englischen Konsul Smith, der ihn 1746 zu einem Aufenthalt in London einlud. In den sechs Radierungen, die er für Smith ausführte, und in den in dünnen Federstrichen hingezeichneten Naturstudien vermochte er das Silberlicht der Lagunen, das die Kirchen, Paläste, Gärten, Winkel und Wasser überflutet, noch reiner wiederzugeben als in den Bildern. Die trockene Arbeit der Architekturzeichnung konnte der farbigen Empfindlichkeit seines Auges nichts anhaben. Nach seinen Studien malte Canaletto die lange Reihe seiner Bilder vom Markusplatz und vom Canale Grande, von S. Maria della Salute, S. Maria Formosa, SS. Giovanni e Paolo, der Scuola di San Rocco und der Jesuitenkirche mit den bunten Szenen der Gondeln, Prozessionen, Volksfeste und Aufzüge. Durch Canaletto hat sich das Stadtbild von Venedig erst dem Bewußtsein der Künstler bis zu Turner, Ziem und Renoir eingeprägt. Der Neffe des Malers, Bernardo Bellotto, 1720 bis 1780, machte den Namen Canaletto, den er von seinem Onkel übernahm, in Deutschland bekannt. Er reiste 1745 über München nach Dresden, wo er bis 1770 die Stellung eines Hofmalers innehatte und von wo er 1760 nach Wien und 1766 nach Petersburg und Warschau zog. Im Jahre 1770 trat er in den Dienst des polnischen Königs Stanislaus, und so verbrachte er das letzte Jahrzehnt seines Lebens in Warschau. Seine Ansichten von Dresden, München, Wien und Warschau bewahren im Weitblick der besonnten Landschaften und in der lichtvollen klaren Zeichnung der Schlösser, Kirchen,

Landsitze und Gärten den ganzen Zauber der barocken Städtebaukunst des 18. Jahrhunderts. Die Bilder des jüngeren Canaletto sind nicht ohne Einfluß auf die raumweite Landschaft der deutschen Romantiker geblieben. († 20. 4. 1768)

Heinrich von Kleist (1777)

Deutscher Dichter

»Möge Dir der Himmel einen Tod schenken, nur halb an Freude und unaussprechlicher Heiterkeit dem meinigen gleich« – mit diesen Worten nahm Kleist am 21. November 1811 Abschied von seiner Schwester Ulrike. Zwischen den beiden, das äußere Leben Kleists einschließenden Daten der Geburt und des selbstgewählten Todes, deren Orte des Lebensbeginns, Frankfurt an der Oder, und des Endes am Wannsee bei Berlin einander geheimnisvoll nahe liegen, wie die herbstliche Beziehung beider Tage, verläuft das Leben Kleists dämonisch, umgetrieben ruhelos, verschwindend aus des Tageslichts Wirklichkeit, um plötzlich wieder aufzutauchen im vollen Strom des Lebens als flammende Kometenbahn.

Dieser Mensch ist ständig unterwegs zu sich selbst. Als »unbehauster« Ruheloser jagt er quer durch Europa, ist, seit er des Militärdienstes Strenge und enge Eingezogenheit verließ, bald in Würzburg, dann in Paris, Berlin, Dresden. Taucht irgendwo zeitweilig am Rhein unter, lebt in der Schweiz auf einer einsamen Insel in der Aare am Ausfluß des Thuner Sees. Jagt heute durch die Unruhe und Gefahr der Aufmärsche Napoleons gegen England, um morgen auf dem Schlachtfeld von Aspern vor Wiens Toren der Österreicher glorreichen Sieg über den erstmals schwer geschlagenen Herrn Europas zu erleben.

Heinrich von Kleist

Es sind keine Irrfahrten zu seiner Bestimmung als Dichter. Das Wissen um sie erfüllt ihn so ganz, daß immer da, wo der sich selbst Hetzende einsame Einkehr hält, er sofort an die Arbeit des Förderns und Vollendens dessen geht, was in Postkutschen, auf Fußmärschen über schlechte Landstraßen, im Quartier bei Freunden und öden Gasthöfen aus genialer Idee zur geprägten Form hindrängt. Nein, diese Jagd gilt der erschütternd anzusehenden Verzweiflung, zur Seßhaftwerdung der irdischen Existenz um jeden Preis zu kommen. Der aus dem Offiziersstand über das Studium der Wissenschaft zwangsläufig notgedrungen in die Erfüllung der Berufung seines

Dichterseins hineinwächst, sucht im vergeblichen Beginn des bürokratisch engen Staatsdienstes vergeblich seiner irdischen Existenz den sichern Untergrund zu geben. Der in der Schweiz ein Bauer werden will, in Koblenz als Tischler untertaucht, in Prag politischer Propagandist und später in Dresden und noch einmal in Berlin ein Zeitungsredakteur von hohen Graden wird, will, wie diese flackernden Versuche alle zeigen, das ganze Leben des Dichters und des Menschen leben. »Ein Feld bebauen, einen Baum zu pflanzen, ein Kind zu zeugen, das scheint mir der Sinn des Daseins.« Wer so ganz das volle Leben erfüllt leben will, der ist kein Bohemien, kein Literat in der Dachkammer des »armen Poetentums«, der Winkelexistenz des Hypochonders. Nicht umsonst sucht Kleist immer wieder die Aktionszentren des Weltgeschehens seiner Zeit auf: Paris, Wien, Prag, Dresden, Berlin. Die große, schließlich sein Leben ins Dunkel führende Tragik ist für Kleist dies immer gerade nur um wenige Augenblicke Zuspätkommen. Er jagt auf das Schlachtfeld von Aspern – als der Sieg entschieden, die Schlacht vorbei ist. Wird in Prag danach der Rufer der deutschen Nation in jenen berühmten politischen Hymnen – als sie niemand mehr gebraucht, um einen kleinen Augenblick zu spät, weil die Politik des Augenblicks sie nicht benötigt. Der im Berliner Schloß der Königin Luise seine ergreifend ihrem Menschsein huldigende Hymne im Angesicht des versammelten Hofstaates sprechen darf – glorreicher Augenblick im Leben Kleists – kommt wiederum zu spät, weil eine Todgeweihte sein Gedicht als sterbend Vollendete nur noch als Nekrolog begreift. Wo aber nicht dieses gespenstische »Zu spät!« seinen Willen zur Wirklichkeit des Lebens äfft, da macht die permanente Wirtschaftskrise der Zeit durch alle noch so überlegten klugen realen Lebensplanungen den schwarzen Strich des »Debet«, des »Soll« in diesem Plan, dem ein »Haben« nicht folgen kann. Von hier aus wird das erschütternde Eingeständnis im Abschiedsbrief an die Stiefschwester Ulrike verständlich: »Die Wahrheit ist, daß mir auf Erden nicht zu helfen war.« Unter diesem sein Leben immer umdüsternden »Debet« verstehen wir Kleists ständige Bereitschaft zum Tode, den er zweimal stirbt; zum ersten Mal, als er in Paris das *Guiskard*-Fragment ins Feuer wirft mit anderen Entwürfen und erst zum andernmal, als er mit jener unheilbar todgeweihten Frau Henriette Vogel, die ihm nur Medium der Todesidee und nicht einmal Geliebte ist, am Wannsee sich den Tod gibt. Das ganze kleine Quentchen »Glück«, jene minimale und doch so entscheidend wichtige unscheinbare Chance, ohne die auch das wirklichkeitserfüllte, nüchterne Beginnen nie zur fortzeugenden Tat wird, fehlt in dem tapferen Leben eines Mannes, der, darin typisch ostdeutsch von Haus und Heimat her, daran zerbrach, daß ihm dies kleine bißchen »Glück« versagt blieb.

Was aber kann dieses sich selbst verzehrende Leben mit seinem Werk gemeinsam haben? Kann es ihm wirklich Ausgang und Erfüllung sein? Steckt in diesem Kometenschicksal der Sinn des Dichterwerks?

Von seinen Bühnenwerken hat Kleist keine der spärlichen Aufführungen persönlich gesehen. Weder die von Goethe veranlaßte mißglückte Uraufführung des *Zerbrochenen Krugs* in Weimar, noch die beiden Inszenierungen des *Käthchen von Heilbronn* der Wiener Burg, wie die in Bamberg dort vom Dramaturgen des Theaters veranlaßte des *Gespenster-Hoffmann,* der als der »Existenzialist« unter den Romantikern hellsichtig einer der wenigen war, die Kleists Bedeutung in ihrer Überzeitlichkeit erkannten. Mit der *Hermannsschlacht,* dem Weckruf des Freiheitskampfes, kam Kleist im Jahre 1809 nach Napoleons Sieg über Österreich und die deutschen Aufstände Schills und Dörnbergs wieder einmal zu spät. Den *Homburg* lehnte der große Iffland für das Berliner preußische Staats- und Hoftheater wohl auf einen deutlichen Wink »von oben« ab. Friedrich Wilhelm III. lehnte ein Stück, in dem ein preußischer Fürst und General Todesfurcht zeigt, als unzumutbar ab. Der Dichter hätte sich dem König gegenüber darauf berufen können, daß dessen Generale 1806 als Festungskommandanten, mit den berühmten ganz wenigen Ausnahmen, feige vor französischen Aufklärungsabteilungen kapituliert hatten, aber nicht aus Todesfurcht. Er tat es nicht. Bruchstücke seiner Bühnenwerke in Zeitschriften publiziert zu sehen, einen Band Erzählungen kurz vorm Tode, das war alles, was Kleist an Resonanz in der Öffentlichkeit erlebte.

Dennoch wird des Dichters Zentralstellung für die große Wende in der deutschen Literatur aus der Romantik in die Modernität der Wirklichkeitsdarstellung von einigen Spürsinnigen erkannt. Wenn Goethe auf das Vorherrschen des Intellekts hinwies, mit dem Kleist zu Werke gehe, dann ist das ebenso richtig, wie des alten klugen Wieland Ausspruch nach der ergreifenden Szene des Vortrages von Szenen aus dem Gedächtnis des damals vernichteten *Guiskard*-Fragments durch den Dichter in Wielands Heim zu Osmannstädt: »Wenn der Geist des Äschylus', Sophokles' und Shakespeares sich vereinigten, eine Tragödie zu schaffen, sie würde das sein, was Kleists Tod Guiskards des Normannen, sofern das Ganze demjenigen entspräche, was er mich damals hören ließ. Von diesem Augenblick an war es entschieden, Kleist sei dazu geboren, die große Lücke in unserer Literatur auszufüllen. die meiner Meinung nach wenigstens, selbst von Schiller und Goethe noch nicht ausgefüllt worden ist.« Wenn im 20. Jahrhundert Thomas Mann von der »Gesetzmäßigkeit« bei Kleist spricht mit Worten wie: »Ich bin entzückt, ich glühe!«, Franz Kafka »zitterte schon vor Begierde, ihn zu lesen« (laut zu lesen übrigens!), Konrad Weiß ihn als »den großen Dichtergeist im Mittelsinn des deutschen Wesens« begreift und Rilke sich als »einen Piepvogel« mit dem Dichter des *Kohlhaas* vergleicht, dann hat Otto C. A. zur Nedden recht, ihn als »die genialste und ursprünglichste dramatische Begabung unserer Literatur« zu kennzeichnen und sehr einfühlsam in Kleists Geistigkeit sie mit Beethovens Werken »als musikalischer Entsprechung« in Beziehung zu setzen.

Bei Kleist »ist die Welt mit einem Male dämonisch geworden, sie droht der Unschuld selbst mit Vernichtung« (Hohoff). Das macht uns heute seine »Welt« so bestürzend modern. Kein Dramatiker deutscher Sprache hat es aber auch so vermocht, gerade auch als Erzähler (!), zu zeigen, daß die innerlich moralisch intakten Menschen mit dieser Bedrohung fertig werden, weil sie leben, was sie sind. Daß es sehr oft gerade die »einfachen«, unkomplizierten Naturen sind und daß sie mehr unter den Frauen, als in der Welt des Männlichen zu finden sind, will hier auch als eine ganz wesentliche Erkenntnis für unser Menschsein Geltung behalten. Eva ist Alkmenes jugendliche Schwester ebenso, wie Käthchen und die Prinzessin Natalie von Oranien. Wiederum zeigt Kleist todernst, daß die Gefahr des Maßloswerdens erst aus Gefühlsüberschwang, dann in der Besessenheit der Machtüberwältigung der eigenen Persönlichkeit ins Uferlose schweifend, solch innere Ordnung zerstört.

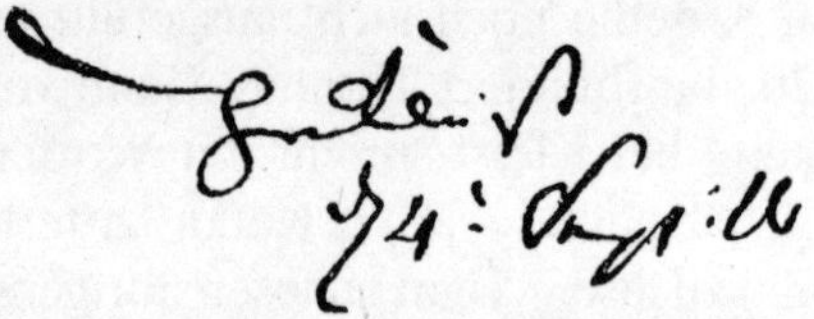

Signatur Kleists

Die Musik seiner Dichtung erfüllt die Tripelfuge aller ihrer stets gleichen Thematik: Mensch-Welt-Gott, mündend durch alle dramatischen »Durchführungen« in die einzig mögliche Sinngebung – die Liebe. Sie zu leben, deutet uns Kleist, aber ist allein dem Menschen möglich, weil er zu wissen von allen Geschöpfen unserer Erde befähigt ist, daß sie aus Gott wirkt und in Ihm bleibt.

So hat uns Heinrich von Kleist des Menschen Leben die große Aufgabe gewiesen, die er leben, leiden, lieben muß. Dafür es lohnt, zu leben, leiden und – zu lieben. († 21. 11. 1811)

Christian Friedrich Schönbein (1799)

Deutscher Chemiker

Schönbein studierte in Tübingen und Erlangen, besuchte 1826 England und Frankreich und folgte 1828 einem Ruf an die Universität Basel. Er arbeitete über die Passivität

Christian Friedrich Schönbein

des Eisens und entdeckte 1839 das Ozon und 1844 das Vermögen des Phosphors, den mit ihm in Berührung gebrachten Sauerstoff zu ozonisieren; 1845 stellte er Nitrosaccharin, Nitroamylum und Schießbaumwolle dar und erhielt 1845 durch Auflösen derselben in Ätheralkohol das Kollodium, das alsbald in die Chirurgie eingeführt wurde. († 29. 8. 1868)

Signatur Schönbeins

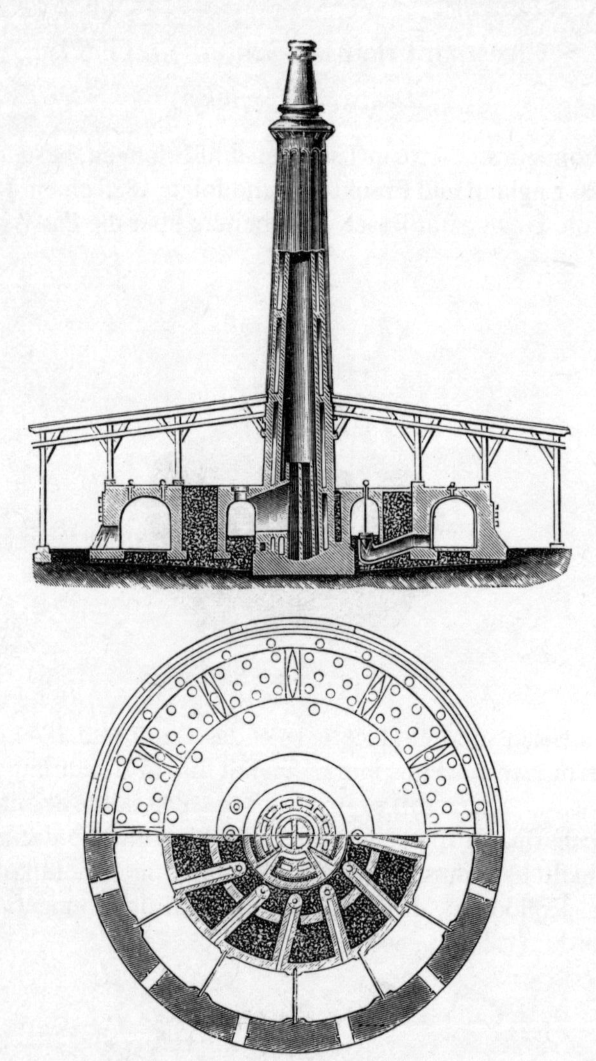

Horizontalschnitt von Hoffmanns Ringofen

Friedrich Hoffmann (1818)

Deutscher Ingenieur

Hoffmann war der Sohn eines Lehrers, besuchte das Gymnasium seiner Heimatstadt und arbeitete 1838 als Eleve bei seinem älteren Bruder in Posen. Von 1857 an widmete er sich der keramischen Industrie. Gleich im ersten Jahre schenkte er ihr in Gemeinschaft mit Licht den Ringofen für ununterbrochenen Betrieb, der für die Ziegel-, Kalk- und Zementindustrie bald unentbehrlich wurde. Hoffmann und seine Mitarbeiter setzten in jahrzehntelanger, zäher Arbeit durch, daß die baukeramische Industrie zu seiner Erfindung Vertrauen faßte. Hoffmann und neben ihm Seger und Türrschmiedt waren die Männer, die die deutschen Keramiker wirtschaftliches produktives und wissenschaftliches Arbeiten lehrten. († 3. 12. 1900)

Friedrich III. (1831)

Deutscher Kaiser und König von Preußen

Ein starkes monarchisches Selbstgefühl und unitarischer Enthusiasmus werden neben Friedrichs III. liberaler Grundgesinnung dafür gesorgt haben, daß er beim Volk, bei »seinen Preußen« nur als »Unser Fritz« bekannt war und auch jenseits des Mains, weiter südlich für seine Reichsgründungsbestrebungen geneigte Ohren fand. Liberal war Friedrich trotz strenger, militärischer Erziehung: Nach Teilnahme am deutsch-dänischen Krieg 1864 entschied er im Deutschen Kriege 1866 mit der von ihm geführten 2. Armee die Schlacht von Königgrätz. Auch am siegreich geführten Krieg gegen Frankreich 1870/71 hat er nicht unwesentlichen Anteil, wenn er auch sich meistens auf seinen Generalstabschef Blumenthal verließ. Nachdem er seinen Vater Kaiser Wilhelm I. schon einmal kurz vertreten hatte (1878), kam er 1888 dann doch noch an die Regierung. Für genau 99 Tage: Am

Kaiser Friedrich III. und seine Frau Viktoria Auguste

15. Juni 1888 starb er an einem zu spät behandelten Kehlkopfkrebs, die Trauer war groß, weit über Preußens Grenzen hinaus. Zu kurz war seine Regentschaft gewesen, als daß seine Liberalität, nicht zuletzt unter dem Einfluß seiner Frau Auguste Viktoria entstanden, sich hätte Bahn brechen können. Wer weiß, was für einen Lauf deutsche Geschichte genommen hätte, wenn Friedrich III., dem Schulen mehr am Herzen lagen als Kanonen, Künstler mehr als Kürassiere, der Gustav Freytag, Roggenbach und Stosch zu seinen engen Beratern zählte, wenn er seinen Überzeugungen entsprechend hätte regieren können? »Lerne leiden, ohne zu klagen« waren die letzten Worte, die er zu seinem Sohn Wilhelm kurz vor seinem Tod sprach.

Signatur Friedrichs III.

Henri Bergson (1859)

Französischer Schriftsteller und Philosoph

Bergson, der in der Philosophiegeschichte als Schöpfer des *Élan vital* – des »schöpferischen Aufschwungs« – eingegangen ist, wurde in Paris geboren, besuchte dort das

Lycée Condorcet und war zunächst unentschlossen, ob er Philosoph oder Mathematiker werden solle, da ihn beide Fakultäten gleich stark anzogen. Er entschied sich für die Philosophie und kam in die École normale supérieure, Abteilung Literatur. Er unterrichtete als Professor der Philosophie an höheren Schulen in Clermont-Ferrand und Paris, dann an der École normale. 1900 Aufnahme ins Collège de France, zunächst für alte, dann für neuere Philosophie, 1914 in die Académie Française. Als 1921 der Völkerbund gegründet wurde, wählte man ihn zum Präsidenten der Internationalen Kommission für intellektuelle Zusammenarbeit. 1926 zwang ihn sein Gesundheitszustand, diese Tätigkeit aufzugeben.

Sein Hauptwerk *L'évolution créatrice* (1907; dt. *Schöpferische Entwicklung,* 1912) zeigt die Richtung seiner Philosophie, die in allen Ländern ernst genommen und diskutiert, wenn auch kaum weiterentwickelt wurde. Jedoch haben viele Philosophen seiner und der nachfolgenden Zeit Einflüsse von ihm aufgenommen. Weitere Werke u. a.: *Essai sur les données immédiates de la conscience* (1889; dt. *Zeit und Freiheit,* 1911; »Conscience« hat im Französischen – wie auch im Englischen – zwei Bedeutungen; in anderem Zusammenhang kann es das Gewissen bezeichnen, das in vielen Sprachen als selbständiger Begriff unterschieden wird); *Matière et mémoire* (1896; dt. *Materie und Gedächtnis,* 1908); *Le rire* (1900; dt. *Das Lachen,* 1914); *Les deux sources de la morale et de la religion* (1932; dt. *Die beiden Quellen der Moral und der Religion,* 1933).

Neben einer ausführlichen Rede von Professor Hallström anläßlich der Verleihung des Nobelpreises für Literatur 1927 »in Anerkennung seiner reichen und lebendig darstellten Ideen und der glänzenden künstlerischen Form, in die sie gefaßt wurden«, wurde er mit den anderen Laureaten von Professor Gösta Forssell in einer auf deutsch gehaltenen Ansprache geehrt. Und manche Worte daraus sind es wert, sich ihrer zu erinnern: »Henri Bergson hat seiner Mitwelt ein philosophisches System geschenkt, das dem Gedanken Nobels als Hintergrund und Stütze hätte dienen können, dem Gedanken, seine Preise nicht nur menschlichen Taten zuteil werden zu lassen, sondern neuen Ideen, die sich in den ausersehenen Persönlichkeiten offenbaren. Bergsons edel geformte Worte streben danach, dem Bewußtsein der Zeitgenossen die Gottesgabe der Intuition wiederzugeben und die menschliche Vernunft auf ihren rechtmäßigen Platz zu stellen, als Dienerin, Pflegerin und Zuchtmeisterin der Ideen.« Die Wahl Bergsons war zweifellos eine sehr angenehme Entsprechung zu der seines Geistesverwandten Rudolf Eucken. († 4.1. 1941)

Lotte Lenya (1900)

Deutsche Schauspielerin und Brecht-Interpretin

Lotte Lenya stammte aus Wien und heiratete 1926 den Brecht-Komponisten Kurt Weill. Die »Goldenen Zwanziger Jahre« waren ihre Zeit. Sie war die ideale Seeräuber-Jenny der *Dreigroschenoper,* der die Zuschauer aufs Wort glaubten, daß sie – hoppla – die Köpfe rollen lassen konnte. Sie war der Typ für Kaschemmen und Berliner Eckkneipen. Zwar hat sie 1965 in Recklinghausen auch die andere große Brecht-Frauenrolle – die der Mutter Courage – gespielt, aber letztlich war sie die Gläser spülende Jenny, die vom Schiff mit acht Segeln und mit fünfzig Kanonen träumte. Sie spielte aber auch im Film: *Cabaret* beispielsweise oder im James-Bond-Thriller *Liebesgrüße aus Moskau.* Lotte Lenya starb am 29. November 1981.

Pierre Elliott Trudeau (1919)

Kanadischer Politiker

Pierre Elliott Trudeau kam in Montreal als Sohn einer anglokanadischen Mutter und eines französisch-kanadischen Rechtsanwalts zur Welt. Er studierte Jura, später auch Wirtschaftswissenschaften, das eine in Montreal, das andere an der Harvard-Universität in Cambridge/Massachusetts, studierte aber auch in Paris und an der London School of Economics.

Die Liberale Partei und deren Anhänger wählten 1965 den nunmehrigen Professor der Universität Montreal ins Parlament. Im Jahr darauf war er Staatssekretär, wieder ein Jahr später Justizminister und nach einem weiteren Jahr wählten ihn die Liberalen zum neuen Parteichef. Zwangsläufig folgte daraus die Wahl zum kanadischen Premierminister am 22. April 1968.

Die schwierige innerpolitische Wirtschaftslage signalisierte 10 Jahre später Popularitätseinbußen der Liberalen – trotz aller Maßnahmen zur Abwendung der Schwierigkeiten verlor Trudeau 1979 sein Amt als Ministerpräsident an Joe Clark, den Führer der Progressiv-Konservativen Partei, die von Trudeau die hohe Inflation und Arbeitslosigkeit erbte. Trudeaus Leistung bestand darin, die Einheit Kanadas, sowohl des französisch- wie auch des englischsprachigen Teils, konsolidiert zu haben. Die Konservative Amtszeit währte nur ein Jahr – 1980 hieß der Premier Kanadas wieder Pierre Trudeau. Zur Nachrüstungsdiskussion fiel ihm auf dem Gipfel in Williamsburg 1983 ein unorthodoxes Wort ein: »Wir sollten nicht dauernd über Nachrüstung reden, sondern unseren verdammten A... in Richtung Frieden bewegen.«

Trudeau ist Multimillionär und liebt schöne, schnelle Wagen. Seine Frau Margaret Sinclair, die er 1971 heiratete, hatte sich zuvor in Hippie-Kreisen wohl gefühlt und rebellierte gegen das Protokoll. Sie brachte drei Söhne zur Welt und ließ sich 1977 scheiden. Ihre Memoiren *Beyond Reason* schildern ihr Leben als Präsidentengattin.

Klaus Kinski (1926)

Deutscher Filmschauspieler

Nikolaus Nakszynski wurde als Kind polnischer Eltern in Zoppot geboren. Als Dreijähriger kam er mit seinen Eltern nach Berlin. Die Familie war arm, das Kind verdiente Geld als Kofferträger, Balljunge und Zeitungsausträger. Klaus Kinski – wie er sich später nannte – war bei der Hitlerjugend, schließlich in englischer Gefangenschaft und spielte dort bereits Theater.

Schauspielunterricht hatte er nie genossen.

Nach der Entlassung spielte er in Baden-Baden und Tübingen, kam nach Berlin und erregte durch Skandale Aufsehen – und das blieb auch so. Er warf einerseits Boleslaw Barlog die Scheiben der Wohnung ein, spielte aber hinreißend als Alleindarsteller anderthalb Stunden lang. Er rezitierte Verse von Villon, Rimbaud, Schiller, Majakowski, Tucholsky und Bert Brecht, und sogar das Neue Testament. Als »Ein-Mann-Wanderbühne« trat er mehr als hundertmal in der Bundesrepublik, der Schweiz und Österreich auf. Er errang Riesenerfolge auf der Bühne, etwa in *Tasso* am Wiener Burgtheater. Er trat in Filmen auf, etwa *Hanussen, Kinder, Mütter und ein General, Struensee.* Nur leider – sein exzentrisches, aufbrausendes, arrogantes Wesen führte zu ständigen Auftritten, Krächen und vorzeitigen Abbrüchen der Engagements. Zur Meisterschaft gelangte Kinskis Schauspielkunst unter der Regie Werner Herzogs – so in *Aguirre, der Zorn Gottes, Nosferatu und Woyzeck.*

Sein Publikum sah ihn gern stets als Bösewicht – den spielte er in der Serie von Edgar Wallace-Filmen als Schizophrener, Killer, Krimineller, Überkandidelter. Er lebt nun in Rom in einer zur Prunkvilla ausgebauten Kirche und verdient sich, nach eigenen Worten, »dumm und dämlich.« Er ist zweimal geschieden, ist jetzt mit einer Vietnamesin verheiratet, wobei der Standesbeamte an den Rand des Nervenzusammenbruchs geriet. Kinski macht das nichts aus: Er erholt sich von Krächen auf seiner Hochseejacht.

Kinskis Tochter Nastassja, die in den USA Furore und Karriere macht, hat ihr väterliches Erbgut bislang noch unter Kontrolle.

Es geschah am 18. Oktober

Ereignisse, die Geschichte machten

1414

Des heiligen Reiches Schutz

Freies Geleit für Johannes Hus

Die Kirche war in einem bejammernswürdigen Zustand. Päpste und Gegenpäpste machten einander den Stuhl Petri streitig, der Lebenswandel der geistlichen Fürsten provozierte zunehmend Kritik. Ein allgemeines Konzil in Konstanz sollte nun für Ordnung sorgen. Auch im theologischen Sinne, denn die Kirchenkrise hatte Reformatoren auf den Plan gerufen, die die Einheit der Christenheit gefährdeten. Darunter machte besonders von sich reden der Theologie-Professor Johannes Hus aus Prag, der die Rückkehr zur Armut der Urkirche forderte und ein rein biblisches Kirchenverständnis lehrte. Er griff dabei die deutschen Prälaten und die deutsche Oberschicht in Böhmen besonders an. König Siegmund ließ ihn daher auf das Konzil laden und sicherte ihm freies Geleit zu. Als aber Hus in Konstanz als Ketzer verurteilt wurde, konnte er sich plötzlich nicht mehr daran erinnern, daß er am 18. Oktober 1414 folgendes versprochen hatte:

Siegmund von Gottes Gnaden römischer König, allzeit Mehrer des Reiches... etc. Ehrwürdige, Erlauchte, Edle und liebwerte Getreue.

Wir empfehlen euch allen und jedem einzeln voll Gnaden den Vorzeiger dieses, den ehrbaren Magister Johannes Hus, Baccalaureus der heiligen Theologie und Magister der freien Künste, der vom Königreich Böhmen zu dem allgemeinen Konzil, das in Konstanz stattfinden soll, reist und den wir in unseren und des heiligen Reiches

Schutz und Schirm aufgenommen haben. Wir wünschen, daß wir ihm, wenn er zu euch kommt, gut aufnehmen, freundlich behandeln und ihm in Dingen, die die Schnelligkeit und Sicherheit seiner Reise, sei es zu Lande oder zu Wasser, betreffen, förderlich sein wollet. Auch sollt ihr ihm gutwillig und frei erlauben, mit seinen Dienern, Pferden und seiner anderen Habe durch alle Pässe, Häfen, Brücken, Länder, Herrschaften, Gaue, Gerichtsbezirke, Städte, Flecken, Burgen, Dörfer und eure anderen Plätze ohne jede Geldzahlung, Zoll, Steuer oder andere Erhebung und ohne jegliche Behinderung durchzuziehen, zu wohnen, zu verweilen und zurückzukehren. Schließlich wollet und sollet ihn und die Seinen notfalls (noch besonders) mit sicherem und wohlbehaltenem Geleit versehen zu Ehr und Achtung unserer königlichen Majestät.

1817

Nur im Ganzen ist Heil

Wartburgfest der deutschen Studenten

Vor allem die Jugend litt darunter, daß der Sieg über Napoleon 1815 die erhoffte deutsche Einheit nicht nähergebracht hatte. Am 18. Oktober 1817 trafen sich auf der Wartburg etwa 600 Studenten und einige Professoren und Bürger zum Gedenken an den Sieg in der Völkerschlacht bei Leipzig 1813 und an Luthers Reformation vor 300 Jahren. Das Fest wurde zu einer Demonstration für Freiheit und Einheit. Der Philosoph Ludwig Oken (1779 bis 1859) schrieb darüber:

... Am 18. [Oktober] zogen die auf dem Markt um 9 Uhr versammelten Studenten auf die Burg, die Fahne und Musik voraus. Wir mit ihnen...

Als alles zur Ruhe gekommen war, hielt ein Student ungefähr diese Rede; über den Zweck der Zusammenkunft der gebildeten Jünglinge aus allen Kreisen und Volksstämmen des deutschen Vaterlandes, über das verkehrte Leben früher, über den Aufschwung und die erfaßte Idee des deutschen Volkes jetzt, über verfehlte und getäuschte Hoffnungen, über die Bestimmung des Studierenden und die gerechten Erwartungen, welche das Vaterland an sie mache, über die Verwaistheit und gar Verfolgtheit der sich den Wissenschaften widmenden Jugend; endlich wie sie selbst bedacht sein müsse, unter sich Ordnung, Regel und Sitte, kurz Burschenbrauch einzuführen, ernstlich und gemeinschaftlich bedacht sein müsse auf die Mittel und Wege, ihrer Bestimmung mit Würde entgegenzugehen, die Blicke des erwachsenen Volkes, das leider nichts mehr zu erreichen vermag, getröstet und aufmunternd auf sie zu lenken, und ihm einst zu werden, was es will, daß sie soll. – Die Anwesenden, und wir Männer waren zu Tränen gerührt – aus Scham, daß wir nicht so getan, aus Schmerz, daß wir an solcher Trauer schuld sind, aus Freude über diesen schönen, reinen und klaren Sinn, und unsere Söhne so erzogen zu haben, daß sie einst erringen werden, was wir verscherzten.

Von diesem und jenem wurde noch ein und das andere Ermunternde gesprochen; dann ging man auf den Burghof, bis die Tafeln gedeckt wären. Da bildeten sich hier Gruppen, dort Haufen, die gingen, jene standen. Was soeben in einem kirchlichen Akt vorgetragen worden, wiederholte sich nun im freundlichen, geselligen Kreise. Jeder war begeistert, jeder war zur Annäherung, jeder zur Aussöhnung, jeder zur Vereinigung gestimmt. Eine große Masse Menschen wirkt... aufeinander und regt das Gefühl der Ohnmacht des Einzelnen, die Kraft der Menge auf und spricht mit Ungestüm in die Seele: »Nur im Ganzen ist Heil!«

In einer der Gruppen wurde ungefähr gesprochen: Liebe Freunde! Diesen Augenblick der Rührung und Stimmung müßt ihr nicht verrauchen lassen. Er kommt nie wieder. Jetzt werdet ihr einig oder niemals!

...Euer Name sei, was ihr allein und ausschließlich seid, nämlich Studentenschaft oder Burschenschaft. Dazu gehört ihr alle, und niemand anders. Hütet euch aber, ein Abzeichen zu tragen, und so zur Partei herabzusinken, das bewiese, daß ihr nicht wißt, daß der Stand der Gebildeten in sich den ganzen Staat wiederholt, und also sein Wesen zerstört durch Zersplitterung in Parteien. Auch bewahret euch vor dem Wahn, als wäret ihr es, auf denen Deutschlands Sein und Dauer und Ehre beruhte. Deutschland ruht nur auf sich selbst, auf dem Ganzen... Euere Bestimmung ist zwar, einst als Teile des Kopfes zu wirken; aber der Kopf ist ohnmächtig, wenn die Glieder und Eingeweide den Dienst versagen. Ihr aber seid jetzt Jugend, der kein anderes Geschäft zukommt, als sich so einzurichten, daß sie gedeihlich wachse, sich bilde, sich nicht durch eitle Gebräuche aufreibe, daß sie also sich zu diesem Zwecke verbinde...

Das überlegt! Geht nicht auseinander, wie ihr gekommen seid! Einige Grundgesetze macht und gebt sie jedem mit nach Hause...

Darauf wurde zum Essen geblasen. Es war ein fröhliches. Der Wein stärkte das Gefühl und den guten Vorsatz, der aus jedem Gesicht leuchtete. Es wurden Gesundheiten ausgebracht, die uns aber nicht im Geiste des Festes geschienen; daher behielten wir die unserigen im Herzen.

Nach Tische, es mochte 3 Uhr sein, ging der Zug den Berg herunter und mit dem Landsturm freundschaftlich und gleichen Ranges in die Stadtkirche, wo die Predigt allgemeine Wirkung hervorbrachte.

Darauf wurden Turnübungen auf dem Markte angestellt – und darauf wurde es dunkel. – So ist jede Minute in löblicher Tätigkeit zugebracht worden.

Nach 7 Uhr zogen die Studenten, jeder mit einer Fakkel, also deren etwa an 600 auf den Berg zu den Siegesfeuern, wo der Landsturm schon versammelt war. Oben wurden Lieder gesungen und wieder eine Rede von einem Studenten gehalten, die wir nicht gehört, die aber allgemein als besonders kräftig gerühmt worden ist. Darauf wurde Feuergericht gehalten über folgende Sachen und Stücke, die zuerst an einer Mistgabel hoch in die Höhe gehalten dem versammelten Volke gezeigt und dann unter Verwünschungen aller in die Flamme geworfen wurden.

Es waren aber die »Abgebrannten« diese:

ein hessischer Zopf, ein Ulanenschnürleib, ein österreichischer Korporalstock... Karl Ludwig von Haller: Restauration der Staatswissenschaft... August von Kotzebue: Geschichte des deutschen Reiches... Der Code Napoléon...

Nach 12 Uhr begab man sich zur Ruhe...

1907

Schlechte Akustik

Abschluß der 2. Haager Friedenskonferenz

Auf russische und amerikanische Initiative hin kam in Den Haag eine zweite Friedenskonferenz zusammen, die die Erfolge der ersten von 1899 ausbauen sollte. Es gelang der Versammlung am 18. Oktober 1907 schließlich in 13 Punkten Einigung vorzuweisen, darunter über eine Landkriegsordnung, die, obwohl immer wieder verletzt, seitdem z. B. viel zum Schutz der Kriegsgefangenen oder zur Milderung von Besatzungszeiten beigetragen hat. Daß die Konferenz überhaupt Ergebnisse erzielte, erscheint um so erstaunlicher, wenn man sich ihre Voraussetzungen und Arbeitsbedingungen vor Augen hält. Über sie schrieb der deutsche Delegationsleiter Freiherr von Marschall (1842 bis 1912) an Reichskanzler von Bülow:

Sechs Wochen sind nunmehr vergangen, seitdem die zweite Friedenskonferenz zusammengetreten ist. Und noch hat sie nach außen hin erkennbare positive Arbeit nicht geleistet. Denn die paar ergänzenden Bestimmungen über das Rote Kreuz im Seekriege, die wir definitiv beschlossen haben, sind allzu bescheiden, um als Leistung zu gelten. Und doch war Mühe und Arbeit sehr groß. Seitdem ich mich aufs juristische Examen vorbereitet habe, bin ich nicht so angestrengt fleißig gewesen als in den vergangenen Wochen... Man kann sich unmöglich einen ungefügigeren Versammlungskörper denken als diese Friedenskonferenz. In ihr sind 46 Staaten mit zirka 250 Delegierten vertreten. Dabei fehlt das einzige

Mittel, mit welchem man eine größere Versammlung dirigieren kann, nämlich das Majoritätsprinzip. Man kann wohl in einer Kommission eine Abstimmung vornehmen, um die Chancen irgend eines Prinzips oder Antrags zu prüfen. Aber praktisch sind diese Abstimmungen ohne Wert, da am letzten Ende Einstimmigkeit erforderlich ist... Eine Diskussion im Plenum ist natürlich ganz ausgeschlossen. Auch ist die Akustik des »Rittersaales« so schlecht, daß man bei großer Aufmerksamkeit wohl seinen Nachbarn, aber sonst niemanden verstehen kann. Als in der letzten Plenarsitzung über die Genfer Konvention der erste englische Delegierte das Wort ergriff, um eine Reserve zu machen, bestand nachher unter den Delegierten lebhafter Streit darüber, ob er englisch oder französisch gesprochen habe. Unter diesen Umständen sind Kommissionen für alle Fragen unentbehrlich. Da aber wegen Ausschluß des Majoritätsprinzips eine Wahl unmöglich ist, so werden die Kommissionen in der Weise gebildet, daß jede Delegation so viele Mitglieder in dieselbe entsendet, als es ihr beliebt. Natürlich werden dadurch die Kommissionen fast ebenso groß wie das Plenum. Es müssen daher Subkommissionen gebildet werden, bei denen im wesentlichen sich dasselbe Spiel wiederholt. Nur finden die Sitzungen in einem kleineren Lokale statt, welches den Vorzug hat, daß man etwas hört. Im ganzen sind vier Kommissionen gebildet worden, von denen die drei ersten in zwei Subkommissionen geteilt sind. Charakteristischerweise beschäftigt sich nur die erste Subkommission der ersten Kommission mit dem Frieden, nämlich mit dem Schiedsgerichte und dem Schiedsgerichtshof. Alle anderen Kommissionen und Subkommissionen beziehen sich lediglich auf den Krieg zu Lande und zur See, auf die Rechte und Pflichten der Neutralen, auf Seebeuterecht, Konterbande und Prisenrecht und anderes. Eine besondere Stellung auf der Friedenskonferenz nimmt die Subkommission ein, die sich mit dem Legen von Seeminen und dem Bombardement freier Städte befaßt. Man nennt dieselbe allgemein die »Commission explosive«...

Vorbereitet auf die Verhandlungen sind eigentlich nur Deutschland, Frankreich, England und die Vereinigten Staaten nach dem Haag gekommen. Sie haben alsbald nach dem Zusammentritt der Konferenz eine Reihe formulicrter Anträge über die verschiedensten Materien gemacht. Gänzlich unvorbereitet kam Rußland, das als Einberufer der Konferenz vielleicht Anlaß zu einer gewissen Vorarbeit gehabt hätte...

1920

Eine kleine Schreckens-Nachtmusik

Einführung der Nationalhymne Kolumbiens

Da der große Genuese in spanischen Diensten, Christoph Columbus, bis zum Tod trotzköpfig darauf beharrte, den Seeweg nach Indien entdeckt zu haben, verlieh die Alte Welt der neuen den Namen des italienischen Geographen und Seefahrers Amerigo Vespucci, der als »Entdekker« des Doppelkontinents zwar unter »ferner liefen« rangiert, aber als Erster die richtige »Idee« hatte und die Landmasse auf seinen Karten mit den Worten »mundus novus« – »Neue Welt« verzierte. Seither heißen die 42

Millionen km² zwischen Labrador und Feuerland »Amerika« und nicht »Christophia«; später, als die Spanier ihren gewaltigen Kolonialkuchen gliederten und stückweise aufteilten, nannten sie den Norden Südamerikas »Kolumbien« und erwiesen damit dem toten Starrkopf doch noch eine späte Ehre.

Im 19. Jahrhundert trieben die Söhne der Columbus, Vespucci und Pizarro unter Führung Simon Bolivars (der »Bolivien« seinen Namen lieh) ihre spanischen Kolonialväter in einem blutigen Befreiungskrieg zur Alten Welt zurück und läuteten ihre eigene nationale Geschichte ein. Dazu bedurfte es, wie es in Europa der Brauch ist, eigener Staatshymnen, um den patriotischen Schulterschluß auch musikalisch zu arrangieren. In Kolumbien griff um 1880 der Präsident der Republik, Rafael Nunez, höchstpersönlich zur Feder und brachte einige vergangenheitsbewältigende und pflichtbewußte Verse zu Papier (»Cesó la horrible noche...« – »Vorüber ist die schreckliche Nacht...«), die den Aufbruch aus kolonialem Dunkel in die goldenen Sphären der Zukunft beschwören. Der gebürtige Italiener und Operntenor Oreste Sindici, in der Heimat ein revolutionärer Gefolgsmann Giuseppe Garibaldis und in Kolumbien der Leiter des Orchesters von Bogota, setzte über das Nunez-Gedicht eine passende triumphale Marschmelodie à la Giuseppe Verdi und brachte den Hymnus einer begeisterten Öffentlichkeit zu Gehör, die die Beförderung der »Schreckensnachtmusik« zur Nationalhymne forderte.

Das kolumbianische Parlament in Bogota bestätigte den eindeutigen Willen des Volkes offiziell am 18. Oktober 1920.

1938

Von den Hausdächern herab

Unruhen im Nahen Osten

Der seit Wochen im britischen Mandatsgebiet Palästina (aus dem die Engländer gegen Ende des Ersten Weltkriegs die Türken vertrieben hatten) flackernde Kleinkrieg zwischen Juden, Arabern und den Polizeieinheiten der britischen Schutzmacht erfuhr am 18. Oktober 1938 eine erhebliche Verschärfung. Arabische Freischärler hatten die Altstadt von Jerusalem, darunter die heiligen Stätten, besetzt und die Zugänge zu ihr mit Spanischen Reitern verbarrikadiert.

Als britische Einheiten versuchten, in die Altstadt einzudringen, wurden sie von den Hausdächern herab beschossen. Die Briten holten ein Bataillon der in Ägypten stationierten Coltstream-Garde nach Palästina. Diese Armee-Einheit schloß die Altstadt ein. Über ganz Jerusalem wurde das Standrecht verhängt. Flugblätter in arabischer, hebräischer und englischer Sprache forderten die Bevölkerung auf, während militärischer Aktionen in ihren Häusern zu bleiben.

Schließlich gingen die britischen Soldaten zum Angriff über. Es dauerte zwei Tage, bis sie die Altstadt von Jerusalem ganz in ihrer Hand hatten. In vielen Einzelgefechten konnten die arabischen Freischärler, die sich in den winkligen Gassen verschanzt hatten, niedergekämpft werden. Von den Gefechten blieb nur der Teil Jerusalems um die Omar-Moschee ausgespart, weil die britischen Truppen Befehl hatten, diese für die Araber heilige Stätte zu schonen. *(SZ)*

1940

Das Fräulein von Barnhelm

Deutscher Spielfilm

Lessings »Minna von Barnhelm oder das Soldatenglück« von 1763 gab den Stoff zu der Filmkomödie von Hans Schweikart, die am 18. Oktober 1940 in Wien uraufgeführt wurde. Käthe Gold spielte das Fräulein, Ewald Balser den Tellheim. Fita Benkhoff und Paul Dahlke gaben das Buffo-Paar Franziska/Just. Als Riccaut de la Marlinière glänzte Theo Lingen.

Als der fünfte Kriegswinter des Siebenjährigen Krieges angeht, beziehen die preußischen Truppen ihre Winterquartiere in Sachsen. Dem Regiment des Majors von Tellheim werden die Dörfer um das Schloß Bruchsall zugewiesen, der Major selbst und sein Freund, Hauptmann Marloff, bewohnen das Schloß. Den Grafen Bruchsall, der am Krieg auf der Seite der Österreicher teilnimmt, vertritt seine Nichte: Minna von Barnhelm. Sie steht dem Schloß und dem Gutsbetriebe vor. Als überzeugte Sächsin und Preußenfresserin weigert sie sich aber, einen der einquartierten Offiziere zu empfangen. Von allen Sachsen wird eine Kontribution gefordert, die sie trotz größter Bereitwilligkeit nicht aufbringen können. Darauf wird die Brandschatzung der Dörfer befohlen. Major von Tellheim, der den königlich-preußischen Befehl zu vollziehen hat, erkennt den guten Willen der sächsischen Bauern an: er schießt die fehlenden 10000 Taler vor, um dem Land die Brandschatzung zu ersparen. Minna ist von der edelmütigen Haltung des Majors erschüttert. Sie eilt zu ihm und findet in dem Offizier, den sie als Gegner hassen zu müssen glaubte, den Mann, dem fortan ihre Liebe und ihr Leben gehören. Es vergehen glückliche Wochen. Der scheue und ein wenig steife preußische Major erklärt sich nur schwer; aber als die Truppen die Winterquartiere verlassen, um von neuem ins Feld zu ziehen, weiß Minna, daß Tellheim bald wiederkehren will, um sie als seine Frau heimzuführen.

Der Krieg geht weiter, Tellheim wird schwer verwundet, Graf Bruchsall kehrt heim, der Friede naht. Doch Minna wartet vergeblich auf Tellheim – vergeblich auf eine Nachricht. Tellheim ist außerstande, zu schreiben; er ist wegen jener 10000 Taler, die er den sächsischen Ständen vorgeschossen hatte, vor dem Kriegsgericht wegen Bestechung verklagt. Denn nun, als diese Summe von den sächsischen Ständen zurückgezahlt werden soll, muß sie als Bestechungsgeld erscheinen. Tellheim weiß nicht, wie er sich rechtfertigen soll: sein Freund Marloff ist tot, der Prinz Heinrich weit von Berlin.

Minna kann die quälende Zeit des Wartens und die andauernden Vorhaltungen ihres Onkels, der sich der Verbindung eines sächsischen Edelfräuleins mit einem preußischen Major widersetzt, nicht länger ertragen: sie flieht zusammen mit ihrer Jungfer Franziska nach Berlin, um vielleicht dort etwas von dem Schicksal ihres Tellheim zu erfahren. In Berlin steigen sie in demselben Gasthaus ab, das auch der Major von Tellheim bewohnt, nur muß jetzt der in ärgste Geldnot geratene Major dem Fräulein von Barnhelm seine Zimmer räumen – ohne allerdings zu wissen, wer sein Nachfolger ist –, so wie damals das Fräulein von Barnhelm der preußischen Einquartierung Platz machen mußte. Auch Minna weiß nicht, wen sie aus dem »König von Spanien« vertrieben hat.

Erst durch ein Zwischenspiel um den Verlobungsring, den Tellheim in seiner drängenden Not versetzt und der durch eine Zwischenträgerei des zweifelhaften Riccaut dem Fräulein von Barnhelm zu Gesicht kommt, erfährt Minna, wer ihre Hotelzimmer vorher bewohnt hat. Sie sieht Tellheim wieder: aber der ist nicht mehr der alte. Er ist verschlossen, abweisend. Er glaubt, die Frau, die er liebt, nicht in sein Unglück hineinziehen zu können. Minna soll sich für immer von ihm trennen.

Als Minna – wieder durch das Dazwischentreten Riccauts – die wahren Gründe seiner verzweifelten Lage erkennt, weiß sie, was sie zu tun hat: sie läßt die Sächsische Gesandtschaft in der Angelegenheit Tellheims intervenieren. Das ist die öffentliche Seite der Sache, privat aber knöpft sie sich den Herrn Major mit einer echt weiblichen Komödie vor: daß sie, die ihm in seinem Glück verbunden war, ihm nun in seinem Unglück nicht beistehen darf; daß er sein Glück nicht ihrem Mitleid verdanken will – wie Tellheim beteuert – das muß ihr liebendes Herz über alle Maßen kränken. Und nun spielt sie vor seinen Augen die Verlassene, Verstoßene und Enterbte. Und als nun Tellheim – ganz wie beabsichtigt – im plötzlichen Umschwung der Gefühle ihr von neuem seine Liebe gesteht, ihr seinen Schutz und seinen Beistand anbietet, ist sie die Stolze und Abweisende; nun will auch sie ihr Glück nicht seinem Mitleid verdanken.

Doch in der Verwirrung der Gefühle scheint Minna die so listig eingefädelte Komödie über den Kopf zu wachsen, und erst nach vielen Verwechslungen und Zwischenspielen, an denen sich der Graf Bruchsall, der Sächsiche Gesandte, vor allem aber des Majors treuer Diener Just, sein alter Wachtmeister Werner und Minnas Jungfer Franziska beteiligen, kommt es zu einem guten Ende: Der Graf Bruchsall gibt dem Paar seinen Segen, und die Aussage des Prinzen Heinrich und ein Brief des Königs bringen dem glückstrahlenden Tellheim die Rehabilitierung und Wiederaufnahme in die Armee. Und neben dem glücklichen Paar Minna und Tellheim stehen ebenso vereint Franziska und Werner; und Just triumphiert über den abgeschmierten Riccaut und den übertölpelten neunmalklugen Wirt.

1964

Der große Tag der Außenseiter

Olympiamedaillen für Bob Schul und Harald Norpoth im 5000-m-Endlauf von Tokio

Nie zuvor hatte ein olympischer 5000-m-Endlauf unter derartig widrigen Verhältnissen gelitten wie jenes Finale 1964 in Tokio. Windböen bis zu 6 m/sec und zentimeterhoch stehendes Wasser auf der Laufbahn machten das Ereignis zu einer Qual. Und doch sollte es einer der spannendsten Endläufe der Sportgeschichte werden. Favoriten waren der Franzose Michel Jazy und der Australier Ron Clarke, die gemeinsam fast alle Weltrekorde auf den Mittel- und Langstrecken hielten. Völlige Außenseiter waren der Amerikaner Bob Schul und der 22jährige Harald Norpoth, ein Student aus dem westfälischen Telgte. Das Rennen war von Anfang an eine sonderbare Angelegenheit. Die erste 400-m-Runde wurde in 70 Sekunden zurückgelegt, einer völlig indiskutablen Zeit. An der Spitze schienen die Läufer bewußt zu bremsen. Nach 2000 m verschärfte der 27jährige Ron Clarke, dem bei allem großen Erfolg nie eine olympische Goldmedaille beschieden war, urplötzlich das Tempo, doch keiner aus dem zehnköpfigen Feld war dadurch zu beeindrucken. Zweimal ließ sich Jazy kurz an der Spitze sehen, als wolle er nur mal kurz seine Klasse demonstrieren. Der Deutsche hielt sich im Hintergrund, an dritter und vierter Position. Als die letzte Runde eingeläutet wurde, rannte der Franzose auf und davon, niemand schien ihm folgen zu können. Trotz der klebrigen, schweren Bahn wirkte sein Stil ungemein leichtfüßig. Schul und Norpoth begriffen die Situation als erste, aber zu groß war anscheinend Jazys Vorsprung. Dann überholte Schul, ein 27jähriger Elektriker, der vor dem Olympiajahr ein absolut unbeschriebenes Blatt gewesen war, den Studenten aus Westfalen, kam dem Führenden näher und näher und erreichte ihn 60 m vor dem Ziel. Im selben Moment trat Norpoth, der schon aussichtslos zurücklag, noch einmal an, Jazy wurde sichtlich schwächer. Und 10 m vor dem Ziel passierte ihn Norpoth, auf der Linie fing ihn auch noch der zweite Amerikaner, Bill Dellinger, ab. Jazy wurde Vierter, der Kenianer Kipchoge Keino Fünfter, Ron Clarke gar nur Neunter. Bob Schul und Harald Norpoth, mit denen niemand gerechnet hatte, erliefen sensationelle Medaillen. Und weil die Läufer in den letzten Runden wie um ihr Leben gerannt waren, kam der Olympiasieger noch auf die gute Zeit von 13:48,8 Minuten. Der 18. Oktober 1964 hatte Sportgeschichte gemacht.

1967

Weich aufgesetzt

Sowjetische Raumsonde landet auf der Venus

Die sowjetische Raumsonde Venus 4 landete am 18. Oktober 1967 nach einem etwas mehr als vierwöchigen Flug auf dem Planeten Venus. (Die vorangegangenen Sonden waren am Planeten vorbeigeflogen.) Der 1106 Kilogramm schwere Weltraumkörper setzte weich auf der Venus-Oberfläche auf. Ein automatisch arbeitendes Observatorium schickte sofort Meßdaten zur Erde: Die Temperatur auf der Venus schwankte zwischen plus 40 und 280 Grad Celsius; chemische Analysen ergaben, daß die Venus-Atmosphäre fast ausschließlich aus Kohlenstoffdioxyd besteht. Auf dem Flug zum Planeten war von der Sonde dessen Lufthülle gemessen worden. Dabei ergab sich, daß rund um die Venus kein nennenswertes magnetisches Feld existiert. *(SZ)*

1968

Sprung in ein anderes Jahrhundert

Weitspringer Bob Beamon schafft in Mexiko 8,90 m
und gewinnt die Goldmedaille

Es geschieht am 18. Oktober 1968, einem Freitag, im Aztekenstadion von Mexiko City, 2200 Meter über dem Meeresspiegel. Bei den Olympischen Spielen werden die Medaillen im Weitsprung vergeben. Der Himmel ist bedeckt, es weht ein ziemlich starker Wind. Der Vorkampf beginnt, die Sprünge der ersten drei Athleten sind ungültig, dann zieht sich der 22jährige Bob Beamon den Trainingsanzug aus. Er ist der Favorit, 1,90 m lang, aber mit seinen 72,5 Kilo Gewicht nicht spindeldürr. Vor kurzem sprang er mit unzulässigem Rückenwind 8,39 m und regulär 8,33 m. In der Qualifikation für den Medaillenkampf hat er am Vortag starke Nerven bewiesen, als er nach zwei ungültigen Sprüngen noch 8,19 m schaffte und im Wettbewerb blieb. Beamon macht sich zu seinem ersten Sprung fertig, tänzelt, federt auf und ab, überzeugt sich von der richtigen Lage seines Anlaufs. Dann springt er los, spürt die Hilfe eines starken Rückenwindes, der die amtlich gerade noch zugelassene Geschwindigkeit von zwei Metern pro Sekunde hat, fegt die 50 m Anlauf hinunter, springt haargenau vom Balken ab, steigt förmlich in die dünne Luft hinauf, zieht das Sprungbein eng an den Körper, segelt mit durchgedrückten Beinen, etwa einen Meter vor den Körper gestreckt dahin, wirft den Körper so nach vorne, daß der Oberkörper vor dem Schwerpunkt liegt und landet im Sand, dort, wo die Sprunggrube schon zu Ende ist.

Ein Raunen geht durch die Reihen der 50000 Zuschauer, jeder weiß, das muß Weltrekord sein. Doch wie weit? Der Beifall beginnt zögernd, steigert sich, wird zur Ovation. Im prasselnden Applaus begeben sich die rotbefrackten Funktionäre zum Tatort, gemäß den Vorschriften messen sie die elektronisch festgestellte Weite mit dem althergebrachten Stahlband nach. Der Beifall klingt ungeduldig, man will endlich die Weite wissen. Dann leuchten die Zahlen auf der elektrischen Tafel auf: acht, neun, null! 8,90 m – unfaßbar, fantastisch, unglaublich. Der Beifall wird zum Orkan, Bob Beamon einen

Moment lang schreckensstarr, hüpft wie ein Irrwisch hin und her, hat sich dann wieder in der Gewalt, kniet sich auf die Bahn, verharrt dort minutenlang, bedeckt sein Gesicht mit den Händen. Was in dieser Zeitspanne in ihm vorgegangen ist, weiß keiner.

Augenzeugen sagen später, sie hätten beim Sprung geglaubt, der stets lustige Schwarze wolle sich einen Jux machen und zu einem Hochsprung ansetzen. So unglaublich war dieser Flug, denn ein Sprung war es nicht mehr. Bob Beamon hatte den bestehenden Weltrekord seines schwarzen Landsmannes Ralph Boston um sage und schreibe 55 Zentimeter überboten. So eine gewaltige Steigerung hatte es zuvor nie gegeben. Boston selbst, vor vier Jahren in Tokio hinter dem Briten Davies Zweiter, überbringt seinem zitternden Landsmann die Botschaft, daß auch die Nachmessung 8,90 m ergeben habe. Nun ist alles offiziell, nachdem eine Stunde lang sorgfältig vermessen wurde.

Der Rest ist schnell erzählt. Es fängt zu regnen an, der Russe Ter-Owanesian springt trotz des Schocks 8,12 m, Boston 8,16 m, beide übertrifft noch Klaus Beer aus Ost-Berlin mit 8,19 m. Bob Beamon springt noch einmal, diesmal 8,04 m weit und bricht dann den Wettkampf ab. Wie in einem Rausch geht er durch den Innenraum des Stadions, fast einem Kollaps nahe, Beifall umdonnert, wo er sich blicken läßt, auch die Siegerehrung nimmt er beinahe wie in Trance hin. Erst später wird ihm so richtig klar werden, daß er die unglaublichste Leistung in der Geschichte der modernen Leichtathletik vollbracht hat.

Auf 8,35 stand Bostons Weltrekord, 8,45 m, vielleicht auch 8,50 m hatten die Experten Beamon zugetraut, die neue Rekordweite traf sie wie ein Keulenschlag. Sie wagten sie kaum in ihre Berichte zu schreiben. Für 8,90 m reichte ihre Vorstellungskraft eigentlich gar nicht aus. »Hätte ich den Sprung nicht mit eigenen Augen gesehen«, kabelt ein deutscher Reporter in die Heimat, »ich würde es nicht glauben. Ich würde jede Wette eingehen, daß dieser Fabelsprung die nächsten drei Jahrzehnte überdauert, daß er ein Sprung ins nächste Jahrhundert gewesen ist. Fast möchte man glauben, daß hier Siegfried mit seiner Tarnkappe Hilfestellung geleistet hat. Dieser Sprung war ein unglaublicher Flug ins 3. Jahrtausend, wird ihm je einer nahe kommen?«

1977

Die Arbeit ist erledigt

Befreiung in Mogadischu, Selbstmord in Stammheim, Mord in Mülhausen

Am 18. Oktober 1977 fanden der Entführungsfall Schleyer, der seit 6 Wochen die deutsche und die Weltöffentlichkeit in Atem hielt, der parallele Entführungsfall »Landshut« sowie das Leben dreier zur »1. Generation« der RAF (Rote Armee Fraktion) zählenden Terroristen auf dramatische Weise ein Ende. Der erste Akt dieses Dramas begann am 5. September um 17.25 Uhr in Köln, als ein »Kommando Siegfried Hausner« den Präsidenten der Bundesvereinigung der Deutschen Arbeitgeberverbände, Dr. Hanns-Martin Schleyer, entführte und seine vier Begleiter auf offener Straße ermordete. Am nächsten Tag präsentierten die Kidnapper ihre Forderungen:

Freilassung von 11 inhaftierten Terroristen (darunter Andreas Baader, Gudrun Ensslin und Jan-Carl Raspe, die in Stuttgart-Stammheim einsaßen), denen pro Kopf DM 100000.– ausgehändigt werden müßten, sowie die Einstellung der Großfahndung. Die »Kleine Lage« des Bundeskanzlers (außer Schmidt die Minister des Inneren, der Justiz, der Generalbundesanwalt, der Leiter des Bundeskriminalamts, Staatsminister Wischnewski und Vizekanzler Genscher) beschloß am gleichen Tag, die Forderungen keinesfalls zu erfüllen und mit hinhaltender Taktik Zeit zu gewinnen, Schleyer aus den Händen der Entführer zu befreien. Im Verlauf der Ereignisse band der Bundeskanzler die Opposition in die gesamtstaatliche Verantwortung ein (»Große Lage«, zu der auch die Partei- und Fraktionsvorsitzenden sowie einige Länderchefs geladen wurden). Der Nervenkrieg zog sich über Wochen hin: Die Terroristen stellten ein Ultimatum nach dem anderen, verbunden mit der Drohung, die Geisel »hinzurichten«, das Bundeskriminalamt forderte immer neue Lebensbeweise Schleyers an, verlangte nach Präzisierung der Austauschmodalitäten (als Nachrichten-Vermittler fungierte der Genfer Anwalt Payot). Ende September verabschiedeten Bundestag und -rat ein Eilgesetz, das eine zeitlich begrenzte Kontaktsperre zwischen den einsitzenden Terroristen und ihren Anwälten ermöglichte. Zwei Wochen später, am 13. Oktober, begann des Dramas zweiter Akt: Die Lufthansa-Maschine »Landshut« wurde auf ihrem Flug von Mallorca nach Frankfurt von vier palästinensischen Terroristen gehijackt, die die Forderungen der Schleyer-Entführer unterstrichen und zusätzlich die Freilassung zweier Palästinenser aus türkischen Gefängnissen sowie 15 Millionen Dollar erpressen wollten. Nach tagelangem Irrflug landete die »Landshut« (86 Passagiere, 5 Besatzungsmitglieder) am 16. Oktober in Aden. Während die Luftpiraten Flugkapitän Jürgen Schumann erschossen, scheiterte in Deutschland die Übergabe des Lösegeldes durch Schleyers Sohn Eberhard, der durch eine einstweilige Verfügung des Bundesverfassungsgerichts die Bundesregierung zwingen wollte, auf die Bedingungen der Entführer einzugehen. Das Bundesverfassungsgericht wies die Klage ab.

Der Bundeskanzler befand sich jetzt in einem klassischen Dilemma – welche Entscheidung er auch traf, sie würde Tote kosten. Am 17. Oktober landete die »Landshut« in der somalischen Hauptstadt Mogadischu – dorthin sollten die freizulassenden Terroristen geflogen werden, ein »letztes Ultimatum« würde um 1.30 Uhr MEZ (18. Oktober) ablaufen. Um 11.44 Uhr landete Staatsminister Wischnewski in Mogadischu, um vor Ort als Ansprechpartner zur Verfügung zu stehen. Der Bundeskanzler hatte inzwischen telefonisch das Einverständnis des somalischen Präsidenten erhalten, eine Befreiungsaktion zu versuchen. Um 17.30 Uhr landete unauffällig eine Lufthansa-Sondermaschine mit dem Antiterror-Einsatzkommando des Bundesgrenzschutzes, GSG 9. Mit den ersten Minuten des 18. Oktober begann der dritte und letzte Akt des Dramas: Um 0.05 Uhr erstürmt die GSG 9 die »Landshut« und befreit alle 90 Geiseln lebend; drei Luftpiraten finden den Tod. Wischnewski telefoniert dem Kanzler nach Bonn: »Die Arbeit ist erledigt.« Um 1.00 Uhr MEZ dankt Regierungssprecher Bölling der GSG 9 und dem somalischen Präsidenten und appelliert an die Entführer: »Geben Sie Schleyer frei und begreifen Sie, daß der Weg des Terrors der Weg in die Selbstzerstörung ist.« Auf die Nachricht von der Geiselbefreiung in Mogadischu nehmen sich Baader, Raspe und Ensslin am Morgen in Stammheim das Leben (skandalöserweise verfügten sie über Schußwaffen); Irmgard Möller überlebt ihren Selbstmordversuch. Der Bundeskanzler rät, um Legenden vorzubeugen, eine internationale Obduzentengruppe nach Stammheim zu entsenden. Um 13.58 Uhr treffen die befreiten Lufthansa-Geiseln in Frankfurt ein. Etwa zur gleichen Zeit wird im Elsaß Hanns-Martin Schleyer von seinen Kidnappern ermordet.

Die Leiche Schleyers wurde erst am folgenden Tag bei Mülhausen im Kofferraum eines Audi gefunden. Das Drama war beendet. In den Familien aller Toten, die es kostete, ist es noch lebendig.

1978

Pirc-Ufimzew

Karpow verteidigt Schachweltmeistertitel

Das US-Schachgenie Bobby Fisher, das 1972 in Island den Russen Spasski vom Brett gefegt hatte, trat 1975 nicht zur Verteidigung seines Titels an. Fisher hatte sich eingeigelt und war offenbar durchgedreht. Die Russen stellten wieder den Weltmeister in Gestalt Anatoli Karpows, zu deutsch: »Karpfen«. 1978 mußte nun Karpow seinen Titel verteidigen, und zwar gegen Viktor Kortschnoi, seinen im Exil lebenden Landsmann. Im Kreml setzte das große Schlottern ein: Würde der Sowjet-Karpfen den Dissidenten-Hai, den »Wundergreis« Kortschnoi bezwingen und Lenins Ehre retten?

Nach drei Monaten und der 31. Partie stand es in Baguio 5:5 (der »Karpfen« lag 5:2 in Führung, aber der »Wundergreis« teilte daraufhin drei Schläge aus). Die 32. Partie fand am 18. Oktober 1978 statt. Weiß (Karpow) wählte die Pirc-Ufimzew-Eröffnung, rang Kortschnoi nieder, siegte 6:5 und blieb Weltmeister.

1982

Auf die Plätze, fertig, nicht los?

1. Internationales Berliner Katzenrennen

Mit Pferden, Hunden, ja sogar Menschen kann man das machen: Man stelle sie in Startposition, und auf Pfiff oder Schuß laufen sie um die Wette. Aber mit Katzen, diesen eigenwilligen Göttinnen, diesen anarchistischen Aristokratinnen, wie Tucholsky sie nannte? Nun denn, am 18. Oktober 1982 hockten Murr, Schnurr, Purr & Co. anläßlich des 1. Internationalen Berliner Katzenrennens in ihren Startboxen, vor ihnen die Rennbahn (5 Meter Länge), um sie herum lachende Zweibeiner. Start. Der Kartäuser rollt sich schnurrend, eine Siamesin macht trotz der Lockversuche Frauchens gar nichts. Der Perser schreitet majestätisch einen Schritt und läßt sich fallen. Dann kommt Hauskater »Micky Maus«, galoppiert mit angelegten Ohren die 5 Meter in 7 Sekunden ab. Beifall brandet auf. Dann kommt »Dicker« angesaust, setzt nach 6,5 Sekunden über die Ziellinie. Die Messehalle gibt der schnellsten Katze von Berlin eine stehende Ovation...

Rekorde des Tages

Schneller laufen, weiter springen, tiefer tauchen – der Mensch will hoch hinaus. Seit der Neandertaler hinter Hasen her- und vor Bären davonlief, jagt der Mensch Rekorden nach – einem kleinen Stück Unsterblichkeit, das beispielsweise Herrn P. (8000 bemalte Ostereier) mit Picasso (13500 Gemälde) verbindet und die Kopenhagener Friseure (33 Jahre Streik) mit Mozart (der in gleicher Zeit 1000 Meisterwerke schuf). »Ihre« persönlichen Geburtstagsrekorde:

Am 18. Oktober 1926 besang Bing Crosby seine erste Schallplatte mit dem Titel *I've got the girl – Ich kriegte das Mädchen.* Außer dem Mädchen »kriegte« Crosby im Laufe seines erfolgreichen Solistendaseins 2 Platin-Schallplatten für den Verkauf von mehr als 300 Millionen schwarzer Scheiben mit weit mehr als 15000 Titeln – ein einsamer Weltrekord in der internationalen Schlagerbranche.

Am 18. Oktober 1979 wechselte bei einer Auktion in New York der teuerste signierte Brief aller Zeiten für 100000 Dollar den Besitzer – die angegilbte Quittung ist von einem gewissen Mr. Button Gwinnett ausgestellt, dessen Marktwert nur der Tatsache zu verdanken ist, daß er im Juli 1776 die amerikanische Unabhängigkeitserklärung in Philadelphia mitunterzeichnet hatte.

Am 18. Oktober 1356 wurde Basel von dem »stärksten Schweizer Erdbeben« heimgesucht (Intensität 9), und am 18. Oktober 1956 wurde Ruth Alice Kistler (USA) 57jährig die älteste, urkundlich erwähnte Mutter der Welt.

Chronik unseres Jahrhunderts

Welt- und Kulturgeschichtliches von 1900–1980

	Schlagzeilen	Kultur
1900	In Deutschland tritt Bürgerliches Gesetzbuch (BGB) in Kraft. Boxeraufstand in China niedergeschlagen. Erste Autodroschke in Berlin. Pariser Weltausstellung.	G. Hauptmann: Michael Kramer. Rilke: Geschichten vom lieben Gott. Puccini: Tosca. Sibelius: Finlandia. Max Planck begründet Quantentheorie. Erster Zeppelin.
1901	Friedens-Nobelpreis an H. Dunant und F. Passy. US-Präsident McKinley ermordet, Nachf. Th. Roosevelt. Ibn Saud erobert arab. Reich. Pers. Ölfelder erschlossen.	Physik-Nobelpreis an W. Röntgen. Th. Mann: Buddenbrooks. A. Schnitzler: Leutnant Gustl. I. Pawlow beginnt Tierexperimente. Erhaltenes Mammut in Sibirien gefunden.
1902	Italien erneuert Dreibund. L. Trotzki flieht aus Rußland. Südafrika brit. Kolonie. Frauenwahlrecht in Australien. Kuba Freistaat unter US-Protektorat.	Literatur-Nobelpreis an Th. Mommsen. Ibsen: Gesammelte Werke. D'Annunzio: Francesca da Rimini. Debussy: Pelleas et Melisande. Cushing: Erste Nervennaht.
1903	USA erwerben Panamakanalzone. Judenpogrome in Rußland. Ford gründet Autogesellschaft. Siemens-Schuckert-Werke gegründet. Erste Tour de France.	G. Hauptmann: Rose Bernd. G. Klimt: Dekkengemälde in der Wiener Universität. Schnitzler: Reigen. Erster Motorflug der Brüder Wright. Steiff ersinnt Teddybär.
1904	Herero-Aufstand in Deutsch-Südwestafrika. Frz.-brit. »Entente cordiale«. Tagung der 2. Internationale in Amsterdam. Autofabrik Rolls Royce gegr. Daimler-Werk in Untertürkheim.	A. Holz: Daphnis. Puccini: Madame Butterfly. Th. Boveri entdeckt Chromosomen als Erbträger. M. Curie erforscht radioaktive Substanzen. Duncan gründet Tanzschule.
1905	Friedens-Nobelpreis an B. v. Suttner. Sieg Japans im Krieg gegen Rußland. Zar erläßt Verfassung. Bergarbeiterstreik im Ruhrgebiet. Schweizerische Nationalbank.	Gorki: Die Mutter. H. Mann: Professor Unrat. R. Strauss: Salomé. Erster (frz.) Film. Medizin-Nobelpreis an R. Koch für Tuberkuloseforschung. Elektr. Glühlampe.
1906	Friedens-Nobelpreis an Th. Roosevelt. Südafrika erhält von Großbritannien Recht auf Selbstverwaltung. A. Dreyfus freigesprochen. Schah gibt Persien Verfassung.	Erste internationale Konferenz für Krebsforschung in Heidelberg u. Frankfurt/Main. Größerer Vesuvausbruch. Erdbeben und Großfeuer vernichten San Francisco.
1907	Allgemeines Wahlrecht in Österreich. Lenin flieht ins Ausland. Stalin überfällt Geldtransport für bolschewist. Parteikasse. Royal-Dutch-Shell-Gruppe gegründet.	Mahler geht an die Metropolitan Oper New York. Ido als reform. Esperanto. Picasso wendet sich dem Kubismus zu. C. Hagenbeck gründet Hamburger Tierpark.
1908	Hamburgisches Weltwirtschaftsarchiv. Österreich-Ungarn annektiert Bosnien und Herzegowina. Luftschiffbau Zeppelin. Einschlag eines Riesenmeteors in Sibirien.	Chemie-Nobelpreis an E. Rutherford (Radioaktivität). Freud: Charakter und Analerotik. Rilke: Neue Gedichte. G. E. Hale entdeckt Magnetfelder der Sonnenflecken.

Schlagzeilen	Kultur	
Neue dt. Verbrauchssteuern. Vorentwurf für neues dt. Strafgesetzbuch. Dt. Kfz-Gesetz. Schah flieht nach nationalist. Aufstand nach Rußland. Erste Dauerwelle.	Literatur-Nobelpreis an S. Lagerlöf. Duse verläßt Bühne. S. Diaghilew zeigt Ballet Russe in Paris. Mahler: 9. Symphonie. R. Strauss: Elektra. R. E. Peary am Nordpol.	**1909**
Japan annektiert Korea. Weltausstellung in Brüssel. China schafft Sklaverei ab. Erste Kleinepidemien an Kinderlähmung in England. Portugal wird Republik.	Strawinsky: Der Feuervogel. Karl May: Winnetou. Rilke: Aufzeichnungen des Malte Laurids Brigge. Manhattan-Brücke in New York. Käthe Kruse-Puppen.	**1910**
Reichsversicherungsordnung. Erstmalig Flugzeuge bei dt. Manövern. Regierungskrise in Österreich. Sozialversicherung in England. Kanada baut eigene Flotte.	Hofmannsthal: Der Rosenkavalier, Jedermann. Mahler: Das Lied von der Erde. A. Schönberg: Harmonielehre. R. Wagner: Mein Leben (postum). Erste dt. Pilotin.	**1911**
Dt. Kolonialbesitz 3 Mio. km² mit 12 Mio. Einwohnern. Untergang der Titanic. Erster engerer Kontakt Lenins mit Stalin. Beginn des Balkankrieges gegen die Türkei.	Literatur-Nobelpreis an G. Hauptmann. R. Strauss: Ariadne auf Naxos. Shaw: Pygmalion. Nofretete-Büste aufgefunden. Röntgenstrahlen. Nichtrostender Krupp-Stahl.	**1912**
Sylvia Pankhurst (engl. Suffragetten-Führerin) wiederholt festgenommen. Internationaler Gewerkschaftsbund in Amsterdam. Woodrow Wilson Präsident der USA.	Literatur-Nobelpreis an R. Tagore (Indien). Freud: Totem und Tabu. Strawinsky: Le Sacre du printemps. Th. Mann: Der Tod in Venedig. Alex. Behm: Echolot.	**1913**
Ausbruch des Ersten Weltkrieges. Übergang zum Stellungskrieg in West und Ost. Schlacht bei Tannenberg. Höhepunkt d. engl. Suffragettenbewegung. Gandhis Rückkehr nach Indien.	Th. Mann: Tonio Kröger. Erste dt. Abendvolkshochschulen. Jazz dringt in Tanzmusik ein. Sechsrollen-Rotationsmaschine druckt 200000 achtseitige Zeitungen/Stunde.	**1914**
Winterschlacht in den Masuren: russ. Armee vernichtet. Dt. Luftangriffe auf London u. Paris. Beginn der Isonzoschlachten. Verschärfter dt. U-Boot-Krieg.	Literatur-Nobelpreis an R. Rolland. Meyrink: Der Golem. Scheler: Vom Umsturz der Werte. Blüte des klass. New Orleans-Jazzstils, durch weiße Musiker Dixieland.	**1915**
Bildung dt. Fliegerjagdstaffeln. Anwendung hochwirksamer Gase an den Fronten. Entscheidungslose Seeschlacht vor dem Skagerrak. Gasmaske u. Stahlhelm im dt. Heer.	Kafka: Die Verwandlung. M. Liebermann: Die Phantasie in der Malerei. F. Sauerbruch konstruiert durch Gliedstumpfmuskeln bewegliche Prothesen.	**1916**
USA erklären Deutschland den Krieg. Uneingeschränkter dt. U-Boot-Krieg. G. Clémenceau frz. Ministerpräsident. Erschießung Mata Haris als dt. Spionin in Paris.	G. Benn: Mann u. Frau gehen durch eine Krebsbaracke. Hamsun: Segen der Erde. Pfitzner: Palestrina. O. Respighi: Le fontane di Roma. DIN-Ausschuß gegründet.	**1917**
Ende des Ersten Weltkrieges. Allgem. dt. Frauenstimmrecht. Gründung der KPD. Ungar. Republik ausgerufen. Gründung der Republiken Litauen, Estland u. Lettland.	Physik-Nobelpreis an M. Planck. H. Mann: Der Untertan. H. St. Chamberlain: Rasse und Nation. J. Péladan: Niedergang d. lat. Rasse. Film: Ein Hundeleben (Ch. Chaplin).	**1918**
R. Luxemburg u. K. Liebknecht von Rechtsradikalen ermordet. Ebert erster Reichspräsident. Friedensverträge von Versailles u. St. Germain. NSDAP gegründet.	R. Strauss: Frau ohne Schatten. K. Kraus: Die letzten Tage der Menschheit. V. Nijinskij geisteskrank. Abschaffung der Todesstrafe in Österr. Prohibition in den USA.	**1919**
Hitlers 25-Punkte-Programm im Münchener Hofbräuhaus. Ständiger Internat. Gerichtshof im Haag gegr. O. Bauer: Austromarxismus. Maul- u. Klauenseuche in Dtld.	Literatur-Nobelpreis an Hamsun. E. Jünger: In Stahlgewittern. Mallarmés Nachlaß erscheint. Strawinsky: Pulcinella. Dt. Lichtspielgesetz mit Filmzensur.	**1920**

	Schlagzeilen	Kultur
1921	Erstes Auftreten der SA. Habsburger in Ungarn entthront. X. Parteitag der russ. Kommunisten bekräftigt Einheit der Partei. K. P. Atatürk verkündet Verfassung.	Physik-Nobelpreis an Einstein. A. Heusler: Nibelungensage. C. G. Jung: Psycholog. Typen. Kretschmer: Körperbau und Charakter. E. Munch: Der Kuß.
1922	Rathenau von Rechtsradikalen ermordet. Deutschlandlied Nationalhymne. Mussolini Ministerpräsident. Nansenpaß für staatenlose Flüchtlinge. Bildung der UdSSR.	Pius XI. Papst (bis 1939). Galsworthy: Forsyte-Saga. Hesse: Siddharta. J. Joyce: Ulysses. Spengler: Untergang des Abendlandes. A. Schönberg: Zwölftonmusik.
1923	Ruhrbesetzung durch Frankreich. Inflationshöhepunkt 1 $ = 4,2 Bill. RM. Hitler-Ludendorff-Putsch in München. Muttertag aus den USA. Erdbeben in Tokio.	Th. Mann: Felix Krull. Rilke: Duineser Elegien. Picasso: Frauen. Freud: Ich und Es. Erstes dt. Selbstwähler-Fernamt. Erste Polarstation der UdSSR.
1924	Hitler schreibt Mein Kampf. Attentat auf I. Seipel. G. Mateotti von Faschisten ermordet. Trotzki abgesetzt u. verbannt. 200000 illegale Abtreibungen/Jahr vermutet.	Th. Mann: Zauberberg. Gershwin: Rhapsodie in blue. Puccini: Turandot. Film: Nibelungen (F. Lang), Berg d. Schicksals (L. Trenker). Tod Mallorys u. Irvings am Mt. Everest.
1925	Friedens-Nobelpreis an Chamberlain u. Dawes. Neugründung der NSDAP. Bildung der SS. Verschärfung der faschist. Diktatur in Italien. Greenwichzeit Weltzeit.	Literatur-Nobelpreis an G. B. Shaw. F. S. Fitzgerald: Big Gatsby. A. Berg: Wozzek. Film: Ein Walzertraum, Goldrausch (Ch. Chaplin). Charleston »der« Tanz.
1926	Friedens-Nobelpreis an Briand u. Stresemann. SPD gegen Reichswehr. Hitlerjugend gegründet. Lord Halifax brit. Vizekönig in Indien. Mussolini »Duce«.	St. Zweig: Verwirrung d. Gefühle. Film: Metropolis (F. Lang), Faust (F. W. Murnau), Panzerkreuzer Potemkin (S. M. Eisenstein). Elektrische Schallplattentechnik.
1927	Arbeiterunruhen in Wien, Justizpalastbrand. Attentat auf Mussolini, Todesstrafe wieder eingeführt. Japan. Konflikt mit China. Erster Fünfjahresplan in der UdSSR.	Hesse: Steppenwolf. Zuckmayer: Schinderhannes. Heidegger: Sein und Zeit. Josephine Baker in Paris. Ch. A. Lindbergh überfliegt Nordatlantik nonstop.
1928	Reichs-Osthilfe für Ostpreußen. W. Miklas österr. Bundespräsident (bis 1938). St. Radic von serb. Radikalen ermordet. Tschiang Kaischek einigt China.	D. H. Lawrence: Lady Chatterley. St. Zweig: Sternstunden d. Menschheit. Disneys erste Micky-Maus-Stummfilme. Ravel: Bolero. Weill: Dreigroschenoper.
1929	Himmler Reichsführer SS. Trotzki ausgewiesen. Börsenkrach, Weltwirtschaftskrise (bis ca. 1933). Indien fordert Unabhängigkeit. Stalin Alleinherrscher.	Literatur-Nobelpreis an Th. Mann. Döblin: Berlin Alexanderplatz. Weill: Mahagonny. Tonfilm. Erste Fernsehsendung in Berlin. Fleming: Penicillin-Forschung.
1930	Rücktritt Regierung Müller. Brüning neuer Reichskanzler. Erster NS-Minister in Thüringen. Österr.-ital. Freundschaftsvertr. Bau d. frz. Maginotlinie.	Ortega y Gasset: Aufstand der Massen. Hesse: Narziß und Goldmund. Musil: Mann ohne Eigenschaften. Film: Der blaue Engel. Schmeling Boxweltmeister.
1931	Verbot einer dt.-österr. Zollunion. Harzburger Front: Bündnis v. Konservativen u. NSDAP. Hoover-Moratorium für internat. Zahlungen. Spanien Republik.	Enzyklika »Quadragesimo anno«. Broch: Die Schlafwandler. Carossa: Arzt Gion. Kästner: Fabian. † Schnitzler, österr. Dichter. Film: Lichter der Großstadt.
1932	Reichspräs. Hindenburg wiedergewählt. Absetzung der preuß. Regierung. Wahlsieg der NSDAP. Ende der Reparationszahlungen. Lindbergh-Baby entführt.	Physik-Nobelpreis an Heisenberg. Brecht: Heilige Johanna. A. Schönberg: Moses u. Aaron (Oper). Film: M, Der träumende Mund. Olympische Spiele in Los Angeles.

Schlagzeilen	Kultur	
Hitler Reichskanzler (»Machtergreifung«). Reichstagsbrand. Goebbels Propagandaminister. Zerschlagung der Gewerkschaften und Parteien in Deutschland.	Dt. Konkordat mit dem Vatikan. Bücherverbrennung in Berlin. † St. George, dt. Dichter. R. Strauss: Arabella. Film: Hitlerjunge Quex, Königin Christine.	**1933**
Ermordung der SA-Führung u. vieler Regimegegner beim sog. Röhm-Putsch. Tod Hindenburgs. Hitler Alleinherrscher. Diplomatische Beziehungen USA-UdSSR.	Barmer Bekenntnissynode. † M. Curie, frz. Physikerin. P. Hindemith: Mathis der Maler (Symphonie). Film: Maskerade. Gangster Dillinger in den USA erschossen.	**1934**
Friedens-Nobelpreis für Ossietzky (im KZ). Saarland wieder dt. Allg. Wehrpflicht in Deutschland. Dt.-engl. Flottenabkommen. Antijüd. Nürnberger Gesetze.	H. Mann: Henri Quatre. Chagall: Verwundeter Vogel (Gemälde). Egk: Die Zaubergeige (Oper). Film: Anna Karenina, Pygmalion. Erfindung der Hammond-Orgel.	**1935**
Besetzung des Rheinlands durch dt. Truppen. Volksfrontregierung in Frankreich. Annexion Abessiniens durch Italien. Beginn des span. Bürgerkrieges.	Großrechenmaschine von K. Zuse. Th. Mann ausgebürgert. E. Jünger: Afrikanische Spiele. Film: Traumulus, Moderne Zeiten. Olympische Spiele in Berlin.	**1936**
»Achse« Berlin–Rom. Stalinist. »Säuberungen« in der UdSSR. Beginn des japan.-chines. Krieges. Holländische Prinzessin Juliana heiratet Prinz Bernhard.	Verhaftung Pfarrer Niemöllers. Klepper: Der Vater. Picasso: Guernica (Gemälde). Orff: Carmina Burana (Kantate). Film: Die Kreutzersonate, Der zerbrochene Krug.	**1937**
Anschluß Österr. an Deutschland. Münchener Abkommen der Großmächte: ČSR tritt Sudetenland an Deutschland ab. Judenverfolgung in der sog. Reichskristallnacht.	† Barlach, dt. Künstler. Sartre: Der Ekel. Scholochow: Der Stille Don. Film: Tanz auf dem Vulkan. Urankernspaltung durch Hahn und Straßmann.	**1938**
Zerschlagung der »Resttschechei«. Rückkehr des Memelgebietes zum Dt. Reich. Hitler-Stalin-Pakt. Ausbruch 2. Weltkrieg. Dt. Sieg über Polen (»Blitzkrieg«).	Pacelli als Papst Pius XII. † Freud, österr. Psychologe. Th. Mann: Lotte in Weimar. Seghers: Das siebte Kreuz. Film: Bel ami. 800-m-Weltrekord durch Harbig.	**1939**
Dänemark u. Norwegen von dt. Truppen besetzt. Dt. Sieg über Holland, Belgien, Frankreich. Luftschlacht um England. Pétain frz. Staatschef. Churchill brit. Premier.	Hemingway: Wem die Stunde schlägt. R. Strauss: Liebe der Danae (Oper). † Klee, dt. Maler. Film: Jud Süß, Der große Diktator. Winterhilfswerk in Deutschland.	**1940**
Dt. Afrika-Korps unter Rommel. Dt. Truppen erobern Jugoslawien, Griechenland. Dt. Angriff auf UdSSR. Kriegseintritt der USA nach japan. Überfall auf Pearl Harbor.	Brecht: Mutter Courage. Werfel: Das Lied von Bernadette. Film: Reitet für Deutschland, Friedemann Bach, Citizen Kane. Schlager: Lili Marleen.	**1941**
Schlacht um Stalingrad. NS-Programm zur Judenvernichtung. Dt. Sieg in Tobruk, Niederlage bei El Alamein. US-Seesieg bei den Midway Inseln über Japan.	Freitod St. Zweig, dt. Dichter. Lindgren: Pippi Langstrumpf. Schostakowitsch: 7. Symphonie. Film: Bambi, Diesel. US-Atombombenprogramm.	**1942**
Kapitulation der dt. Stalingradarmee u. des Afrikakorps. Zusammenbruch Italiens. Großangriff auf Hamburg. Ende der Widerstandsgruppe »Weiße Rose«.	Hesse: Das Glasperlenspiel. Th. Mann: Josephsromane. † Reinhardt, dt. Regisseur. Orff: Die Kluge. Erster dt. Farbfilm (Münchhausen). Frankfurter Zeitung verboten.	**1943**
Rote Armee an der Weichsel. Invasion der Alliierten in Frankreich. Attentat auf Hitler scheitert am 20. Juli. Aufstand in Warschau. Raketenangriffe auf England.	Chemie-Nobelpreis an O. Hahn. Giraudoux: Die Irre von Chaillot. Sartre: Hinter verschlossenen Türen. † Kandinsky, russ. Maler. Film: Große Freiheit Nr. 7.	**1944**

	Schlagzeilen	Kultur
1945	Selbstmord Hitlers. Bedingungslose Kapitulation Deutschlands. Gründung der UN. Atombomben auf Japan. 2. Weltkrieg beendet. Vertreibung der ostdt. Bevölkerung.	Steinbeck: Straße der Ölsardinen. † Werfel, österr. Dichter. Britten: Peter Grimes (Oper). Film: Kolberg, Kinder des Olymp. Demontage u. Schwarzmarkt in Deutschland.
1946	Adenauer CDU-, Schumacher SPD-Vorsitzender. Urteile im Nürnberger Kriegsverbrecher-Prozeß. Entnazifizierung. Bildung der ostdt. SED. Italien Republik.	Literatur-Nobelpreis an Hesse. † Hauptmann, dt. Dichter. Zuckmayer: Des Teufels General. rororo-Taschenbücher im Zeitungsdruck. VW-Serienproduktion.
1947	Bildung der amerik.-brit. Bizone. Auflösung Preußens. US-Hilfe für Europa durch Marshall-Plan. UN-Teilungsplan für Palästina. Indien unabhängig.	Benn: Statische Gedichte. Borchert: Draußen vor der Tür. Th. Mann: Dr. Faustus. Bildung der Gruppe 47. Floßüberquerung des Pazifik durch Heyerdahl. New-Look-Mode.
1948	Blockade Berlins. Versorgung durch Luftbrücke. Währungsreform in dt. Westzonen. Gründung Israels. Gandhi ermordet. Konflikt Tito-Stalin.	Freie Universität Berlin gegründet. Kinsey-Report über Sexualität. Brecht: Puntila. Mailer: Die Nackten und die Toten. Film: Bitterer Reis, Berliner Ballade.
1949	Bildung von BRD und DDR, Adenauer erster Bundeskanzler, Heuss erster Bundespräsident. Griech. Bürgerkrieg beendet. Gründung der NATO. China Volksrepublik.	Ceram: Götter, Gräber u. Gelehrte. Jünger: Strahlungen. Orwell: 1984. † R. Strauss, dt. Komponist. Film: Der dritte Mann. Erstes SOS-Kinderdorf.
1950	Dt. Beitritt zum Europarat. Vietminh-Aufstand in Indochina gegen Frankreich. Indonesien unabhängig. Beginn des Korea-Krieges. Tibet von China besetzt.	Dogma von der Himmelfahrt Mariae. Ionesco: Die kahle Sängerin. † H. Mann, dt. Dichter. Film: Orphée (Cocteau), Schwarzwaldmädel, Herrliche Zeiten.
1951	Bildung der Montanunion. Eröffnung des Bundesverfassungsgerichts. UN-Oberbefehlshaber in Korea Mac Arthur abgesetzt. Friedensvertrag USA-Japan.	Gollwitzer: Und führen, wohin du nicht willst. Faulkner: Requiem für eine Nonne. Film: Ein Amerikaner in Paris, Grün ist die Heide. Herz-Lungen-Maschine erfunden.
1952	Deutschlandvertrag. Helgoland wieder dt. Wiedergutmachungsabkommen BRD-Israel. † Schumacher, SPD-Vors. Elisabeth II. Königin von England.	Friedens-Nobelpreis an Schweitzer. Beckett: Warten auf Godot. Hemingway: Der alte Mann und das Meer. Film: Lilli, Rampenlicht. Deutschland wieder bei Olymp. Spielen.
1953	Aufstand in der DDR. Wahlsieg der CDU. † Stalin, sowjet. Diktator. Waffenstillstand in Korea. Mau-Mau-Aufstand. Iran. Regierung gestürzt.	Heidegger: Einführung in die Metaphysik. Koeppen: Treibhaus. Henze: Landarzt (Funkoper). Film: Ein Herz und eine Krone. Erstbesteigung des Mount Everest.
1954	Pariser Verträge: Dt. Wiederbewaffnung. Aufstand in Algerien. Frz. Niederlage bei Dien Bien Phu: Teilung Indochinas. Kommunistenverfolgung in USA.	Th. Mann: Felix Krull (Ergänzung). Hartung: Piroschka. Liebermann: Penelope (Oper). Film: Die Faust im Nacken, La Strada. Rock'n' Roll. Deutschland Fußballweltmeister.
1955	Bildung des Warschauer Pakts. Adenauer in Moskau: Rückkehr der letzten Kriegsgefangenen, diplomat. Beziehungen mit UdSSR. Österr. Staatsvertrag.	† Einstein, dt.-amerik. Physiker, Th. Mann, dt. Dichter. Nabokov: Lolita. Film: Tätowierte Rose, Rififi, Ladykillers. Polio-Schluckimpfung. BMW-Isetta.
1956	Verbot der KPD. 20. Parteitag der KPdSU: Entstalinisierung. Volksaufstand in Ungarn. Israel besetzt den Sinai. Engl.-frz. Angriff auf Ägypten (Suez-Krise).	Bloch: Prinzip Hoffnung. † Brecht, dt. Dichter. Dürrenmatt: Besuch der alten Dame. Film: Der Hauptmann von Köpenick. Erstes Kernkraftwerk in England.

Schlagzeilen	Kultur	
Saarland 10. Bundesland. Absolute CDU-Mehrheit im Bundestag. Rapacki-Plan für atomwaffenfreie Zone. Sowjet. Sputnik-Satelliten, Mißerfolge der USA.	Heisenberg: Weltformel. Beckett: Endspiel. Frisch: Homo Faber. Fortner: Bluthochzeit (Oper). Film: Ariane, Die Brücke am Kwai. »Pamir« gesunken.	**1957**
Gründung der EWG. Berlin-Ultimatum der UdSSR. De Gaulle erster Staatspräsident der V. frz. Republik. Intervention der USA im Libanon. Scheidung Schah/Soraya.	† Papst Pius XII., Nachf. Johannes XXIII. Pasternak: Dr. Schiwago. Uris: Exodus. Henze: Undine (Ballett). Film: Wir Wunderkinder. Stereo-Schallplatte.	**1958**
Lübke 2. Bundespräsident. Godesberger Programm der SPD. Chruschtschow verkündet Politik der friedl. Koexistenz. Sieg der kuban. Revolution unter Castro.	Böll: Billard um halb zehn. Grass: Die Blechtrommel. Ionesco: Die Nashörner. Film: Rosen für den Staatsanwalt, Die Brücke, Dolce vita. Sowjetische Mondsonden.	**1959**
MdB Frenzel als Spion entlarvt. Kennedy zum US-Präs. gewählt. Frz. Atomstreitmacht (Force de frappe). Abschuß eines US-Aufklärers über UdSSR. Kongo-Unruhen.	Walser: Halbzeit. Sartre: Die Eingeschlossenen. Film: Glas Wasser, Psycho, Frühstück bei Tiffany. Privatisierung des VW-Werkes. Hary 10,0 Sek. auf 100 m.	**1960**
Berliner Mauer. CDU verliert absolute Mehrheit. Rebellion frz. Generäle in Algerien. Ermordung Lumumbas. US-unterstützte Schweinebucht-Landung auf Kuba gescheitert.	Amnesty International gegründet. Physik-Nobelpreis an Mössbauer. Neubau Berliner Gedächtniskirche. Frisch: Andorra. Gagarin erster Mensch in Erdumlaufbahn.	**1961**
Deutschlandbesuch De Gaulles. »Spiegel«-Affäre: Sturz v. Verteidigungsminister Strauß. Algerien unabhängig. Kuba-Krise: USA erzwingen Abbau sowjet. Raketen.	II. Vatikan. Konzil. Dürrenmatt: Die Physiker. † Hesse, dt. Dichter. Film: Dreigroschenoper. † Marilyn Monroe, US-Filmstar. Sturmflutkatastrophe in Hamburg.	**1962**
Dt.-frz. Freundschaftsvertrag. Kennedy in Deutschland. Rücktritt Adenauers, Erhard neuer Bundeskanzler. Kennedy ermordet. † Heuss, 1. Bundespräsident.	† Papst Johannes XXIII., Nachf. Paul VI. Hochhuth: Der Stellvertreter. † Gründgens, dt. Schauspieler. Film: Das Schweigen, Die Vögel. Fußball-Bundesliga.	**1963**
Brandt SPD-Vors. Diplomat. Beziehungen Frankreich-Rotchina. Sturz Chruschtschows, Nachf. Breschnew/Kossygin. Johnson US-Präsident. Erste chines. Atombombe.	Sartre lehnt Literatur-Nobelpreis ab. Kipphardt: Oppenheimer. Frisch: Gantenbein. Film: Alexis Sorbas. Nachrichten-Satelliten. Mond- und Planetensonden.	**1964**
Diplomat. Beziehungen BRD-Israel. † Churchill, brit. Politiker. Blutige Kommunisten-Verfolgung in Indonesien. US-Luftangriffe auf Nordvietnam.	† Schweitzer, dt. Philantrop. Weiss: Die Ermittlung. Henze: Der junge Lord. »Ring«-Inszenierung W. Wagners. Film: Katelbach. 1. Weltraumspaziergang.	**1965**
Rücktritt von Bundeskanzler Erhard. Große Koalition CDU/CSU–SPD unter Kanzler Kiesinger. Wahlerfolge der NPD. »Kulturrevolution« in der VR China.	Böll: Ende einer Dienstfahrt. Walser: Einhorn. Penderecki: Lukas-Passion. Film: Abschied von gestern. Weiche Mondlandungen. Dt. Mannschaft 2. bei Fußball-WM.	**1966**
† Adenauer, 1. Bundeskanzler. Unruhen bei Schah-Besuch in Berlin: Tod eines Studenten. Israels Sieg im 6-Tage-Krieg. Militärputsch in Griechenland.	Chemie-Nobelpreis an Eigen. Film: Zur Sache Schätzchen, Rosemaries Baby. 1. Herztransplantation. ZdF und ARD starten Farbfernsehen. Raumfahrtunfälle.	**1967**
Notstandsgesetze in der BRD. Attentat auf Studentenführer Dutschke. Mai-Unruhen in Paris. Sowjet. Einmarsch in ČSSR beendet »Prager Frühling«.	Papst gegen künstl. Geburtenkontrolle. † Barth, schweiz. Theologe. Lenz: Deutschstunde. Solschenizyn: Krebsstation. Apollo 8 mit 3 Astronauten in Mondumlaufbahn.	**1968**

	Schlagzeilen	Kultur
1969	Heinemann Bundespräsident. Brandt Kanzler einer SPD/FDP-Koalition. Rücktritt des frz. Präsidenten de Gaulle. Grenzkonflikt UdSSR–China am Ussuri.	Grass: Örtlich betäubt. Britten: Kinderkreuzzug (Musikal. Ballade). US-Astronaut Armstrong erster Mensch auf dem Mond. Stiftung des Wirtschafts-Nobelpreises.
1970	Treffen Brandt-Stoph in Erfurt. Gewaltverzichtsvertrag UdSSR-BRD. † de Gaulle, frz. Politiker. Kapitulation Biafras: Ende des nigerian. Bürgerkriegs.	Arno Schmidt: Zettels Traum. † Russell, brit. Gelehrter. Abbruch der Mondmission Apollo 13. Ende des Contergan-Prozesses. Deutschland 3. bei Fußball-WM in Mexiko.
1971	Anschläge der Baader-Meinhof-Terroristen. Viermächte-Abkommen über Berlin. Rücktritt von SED-Chef Ulbricht. Prozeß wegen der Morde von US-Soldaten in My Lai.	Friedens-Nobelpreis für Brandt. Bachmann: Malina. † Strawinsky, russ. Komponist. Film: Uhrwerk Orange; Tod in Venedig. Bundesliga-Skandal um Bestechungen.
1972	Extremistenbeschluß. Verhaftung der Baader-Meinhof-Terroristen. Ostverträge ratifiziert. Erfolgloses Mißtrauensvotum gegen Kanzler Brandt. SPD-Wahlsieg.	Club of Rome: Grenzen des Wachstums. Literatur-Nobelpreis an Böll. Film: Cabaret. Arab. Überfall auf israel. Mannschaft bei Olympischen Spielen in München.
1973	DDR und BRD UN-Mitglieder. † Ulbricht, DDR-Politiker. Yom-Kippur-Krieg: Ölkrise. US-Rückzug aus Vietnam. Chilen. Präsident Allende bei Putsch ermordet.	Fest: Hitler. † Picasso, span. Maler. Film: Das große Fressen. Sonntagsfahrverbote wegen Ölkrise. BRD-Gebietsreform. »Floating« statt fester Wechselkurse.
1974	Scheel Bundespräsident. Rücktritt Kanzler Brandts, Nachf. Schmidt. Austausch ständiger Vertr. DDR/BRD. Sturz v. US-Präsident Nixon. Ende der griech. Militärjunta.	Dessau: Einstein (Oper). Filme: Szenen einer Ehe; Chinatown. Volljährigkeit auf 18 Jahre gesenkt. VW beendet Käfer-Produktion. Deutschland Fußballweltmeister.
1975	Entführung des CDU-Politikers Lorenz. Terroranschlag auf dt. Botschaft in Stockholm. † Franco, span. Diktator. † Kaiser Haile Selassie, Äthiopien Republik.	Bernhard: Der Präsident. Weiß: Der Prozeß. Kagel: Mare nostrum. Film: Katharina Blum. Demonstrationen gegen Kernkraftwerke. Märkisches Viertel in Berlin fertig.
1976	Krise zwischen CDU und CSU. Schmidt erneut Bundeskanzler. Israel. Kommandounternehmen in Entebbe gegen Geiselnehmer. † Mao, chines. Politiker.	† Heidegger, dt. Philosoph. DDR bürgert Liedermacher Biermann aus. Film: Einer flog übers Kuckucksnest. Letzte Dampfloks der Bundesbahn. Neues dt. Eherecht.
1977	Arbeitgeberpräs. Schleyer entführt. Erstürmung von gekaperter Lufthansa-Maschine. Selbstmord inhaftierter dt. Terroristen. Ägypt. Präsident Sadat in Israel.	† Bloch, dt. Philosoph. Grass: Der Butt. Letztes Treffen der Gruppe 47. Centre Pompidou in Paris. † Presley, US-Rockstar. † Herberger, dt. Fußballtrainer.
1978	Frieden Israel–Ägypten. Ital. Politiker Moro entführt und ermordet. Krieg Vietnam-Kambodscha. Massenselbstmord der Volkstempelsekte in Guyana.	Poln. Kardinal Woytila neuer Papst Johannes Paul II. Penderecki: Paradise lost (Oper). Film: Deutschland im Herbst. Jähn (DDR) erster Deutscher im Weltraum.
1979	Carstens Bundespräsident. 1. Direktwahl zum Europa-Parlament. Schiitenführer Khomeini stürzt Schah. UdSSR-Invasion in Afghanistan. Krieg China–Vietnam.	US-Fernsehserie Holocaust in der BRD. Moore-Plastiken für Kanzleramt. Film: Maria Braun. Reaktorunfall in Harrisburg (USA). Aufhebung der Mordverjährung.
1980	Verluste der CDU mit Kanzlerkandidat Strauß. Erfolge der »Grünen«. Bildung d. poln. Gewerkschaft Solidarität. Krieg Irak–Iran. † Tito, jugoslaw. Politiker.	Papst-Besuch in Deutschland. † Sartre, frz. Philosoph. Ermordung Lennons, brit. Musiker. Fernsehserie: Berlin Alexanderplatz. Boykott der Olympischen Spiele in Moskau.

1663–1736 Prinz Eugen von Savoyen.
Gemälde von Jacob van Schuppen

Der Heilige des Tages:
Sankt Lukas und Maria. Gemälde von Hermen Rode, 1484

1831–1888 Friedrich III. von Preußen. Kolorierte Photographie

1634–1705
Luca Giordano
»Vertumnus und
Pomona«

1697–1768
Canaletto
»Die Marmor-
werkstatt«
mit der Kirche
Santa Maria
della Carità in
Venedig

1968 Bob Beamon gelang bei den Olympischen Spielen in Mexiko der Sprung ins Jahr 2000: 8,90 Meter!

Unterhaltsames zum 18. Oktober

Giambattista Marino (1569)

Es heget einen Tal

Es heget einen Tal das schwarze Mohrenland,
Den als mit einer Kron erhabne Berg umringen,
Durch deren dickes Laub der Sonnen Strahl und Brand
Auch gar zur Mittagszeit nicht einst weiß durchzu-
dringen.
Hier liegt der Träume Fürst von Schatten eingeschlossen
Samt seinen schläfrigen und faulen Hausgenossen,
In dieses stillen Tals einsiedlerischen Gründen
Pflegt auch die braune Nacht den Aufenthalt zu finden.

Nebst der Vergessenheit stund an den beiden Türen –
Wovon die eine Horn, die ander Elfenbein –
Der träge Müßiggang. Die Schildwacht schien zu sein
Das Schweigen welches horcht, den Finger
an den Mund,
Und machte Wild und Wind aus Vorsicht gleichsam kund
Sie möchten ja kein Laub noch schwanke Zweige rühren.
Man sah an diesem Ort, von andern nichts zu sagen,
Wie Blumen, Kraut und Gras mit welken Stengeln lagen.

Die Lüfte lispeln nicht in diesem finstern Wald,
Kein Vogel singet hier, der Himmel donnert nicht;
Nie hört man, daß ein Hirt hier schwätzet,
pfeift und spricht,
Auch niemal, daß allhier ein Echo widerschallt;
Nie blöket hier ein Schaf, nie hat ein Hund gebellet;
Ein murmelnd Bach, der sanft von Stein auf Steine fället,
Netzt nur die stille Kluft, sein heisers Rauschen macht,
Daß der hier liegt und schläft, nur mit Verdruß erwacht.

Giambattista Marino

Im weichbemoosten Schoß der dickverwachsnen
Höhlen,
Auf einem schwarzen Bett mit Ebenholz bedecket
Liegt in gelinder Ruh der Schlafgott ausgestrecket,
Der bei der bräunlichen geheimen Schatten Schar
In steter Einsamkeit ein stiller Herrscher war;
Ein Mohnkranz, den er sich zum Hauptschmuck
pflegt zu wählen,

Beschattet ihm die Stirn, die linke Hand belaubt
Der Zweig, so eingetunkt in Lethens Feuchtigkeit,
Die Rechte stützt und trug mit Müh sein schweres Haupt,
Das Fell von einem Dachs dient ihm zu einem Kleid.

Er hält mit großer Müh die schweren Augenlider,
Kaum trägt er seine Stirn vor großer Müdigkeit,
Es bebt ein schlaffer Hals und schwanket hin und wider,
Die Schläf erhub er bald – bald senkte er sie nieder.
Nah bei dem trägen Gott ist stets ein Tisch bereit,
Worauf ein steter Rauch von fremden Spezereien
Aus tausend Schüsseln dampft, der nebst dem
sanften Duft
Von manchem seltnen Wein benebelt Höhl und Luft
Und seine Nas erfüllt mit sanften Schmeicheleien.

Aus dem Italienischen von Barthold Heinrich Brockes

Heinrich von Kleist (1777)

Der höhere Frieden

Wenn sich, auf des Krieges Donnerwagen,
Menschen waffnen, auf der Zwietracht Ruf,
Menschen, die im Busen Herzen tragen,
Herzen, die der Gott der Liebe schuf:

Denk ich, können sie doch mir nichts rauben,
Nicht den Frieden, der sich selbst bewährt,
Nicht die Unschuld, nicht an Gott den Glauben,
Der dem Hasse, wie dem Schrecken, wehrt.

Nicht des Ahorns dunklem Schatten wehren,
Daß er mich, im Weizenfeld, erquickt,
Und das Lied der Nachtigall nicht stören,
Die den stillen Busen mir entzückt.

Heinrich von Kleist

Michael Kohlhaas

Kohlhaas hat gegen einen Junker, der willkürlich eine Zollschranke errichtete und zwei seiner Pferde zurückbehielt, vor Gericht Klage erhoben. Da er keine Genugtuung erhielt und seine Frau beim Versuch, dem Brandenburgischen Kurfürsten eine Bittschrift vorzulegen, ums Leben kam, verwüstete er zusammen mit seinen Knechten das Land; er geht nun zu Luther, um sich zu rechtfertigen.

Er kehrte unter einem fremden Namen in ein Wirtshaus ein, wo er, sobald die Nacht angebrochen war, in seinem Mantel und mit einem Paar Pistolen versehen, die er in der Tronkenburg erbeutet hatte, zu Luthern ins Zimmer trat. Luther, der unter Schriften und Büchern an seinem Pulte saß und den fremden, besonderen Mann die Tür öffnen und hinter sich verriegeln sah, fragte ihn: wer er sei und was er wolle. Und der Mann, der seinen Hut ehrerbietig in der Hand hielt, hatte nicht sobald, mit dem schüchternen Vorgefühl des Schreckens, den er verursachen würde, erwidert: daß er Michael Kohlhaas, der Roßhändler, sei, als Luther schon: »Weiche fern hinweg!« ausrief, und indem er, vom Pult erstehend, nach einer Klingel eilte, hinzusetzte: »Dein Odem ist Pest und deine Nähe Verderben!« Kohlhaas, indem er, ohne sich vom Platz zu regen, sein Pistol zog, sagte: »Hochwürdiger Herr, dies Pistol, wenn Ihr die Klingel rührt, streckt mich leblos zu Euren Füßen nieder! Setzt Euch und hört mich an; unter den Engeln, deren Psalmen Ihr aufschreibt, seid Ihr nicht sicherer, als bei mir.« Luther, indem er sich niedersetzte, fragte: »Was willst du?« – Kohlhaas erwiderte: »Eure Meinung von mir, daß ich ein ungerechter Mann sei, widerlegen! Ihr habt mir in Eurem Plakat gesagt, daß meine Obrigkeit von meiner Sache nichts weiß: wohlan, verschafft mir freies Geleit, so gehe ich nach Dresden und lege sie ihr vor.« – »Heilloser und entsetzlicher Mann!« rief Luther, durch diese Worte verwirrt zugleich und beruhigt: »Wer gab dir das Recht, den Junker von Tronka, in Verfolg eigenmächtiger Rechtsschlüsse, zu überfallen, und, da du ihn auf seiner Burg nicht fandst, mit Feuer und Schwert die ganze Gemeinschaft heimzusuchen, die ihn beschirmt?« Kohlhaas erwiderte: »Hochwürdiger Herr, niemand, fortan! Eine Nachricht, die ich aus Dresden erhielt, hat mich getäuscht, mich verführt! Der Krieg, den ich mit der Gemeinheit der Menschen führe, ist eine Missetat, sobald ich aus ihr nicht, wie Ihr mir die Versicherung gegeben habt, verstoßen war!« »Verstoßen!« rief Luther, indem er ihn ansah. »Welch eine Raserei der Gedanken ergriff dich? Wer hätte dich aus der Gemeinschaft des Staates, in welchem du lebtest, verstoßen? Ja, wo ist, so lange Staaten bestehen, ein Fall, daß jemand, wer es auch sei, daraus verstoßen worden wäre?« – »Verstoßen«, antwortete Kohlhaas, indem er die Hand zusammendrückte, »nenne ich den, dem der Schutz der Gesetze versagt ist! Denn dieses Schutzes, zum Gedeihen meines friedlichen Gewerbes, bedarf ich; ja, er ist es, dessenhalb ich mich mit dem Kreis dessen, was ich erworben, in diese Gemeinschaft flüchte; und wer mir ihn versagt, der stößt mich zu den Wilden der Einöde hinaus; er gibt mir, wie wollt Ihr das leugnen, die Keule, die mich selbst schützt, in die Hand.« – »Wer hat dir den Schutz der Gesetze versagt?« rief Luther. »Schrieb ich dir nicht, daß die Klage, die du eingereicht, dem Landesherren, dem du sie eingereicht, fremd ist? Wenn Staatsdiener hinter seinem Rücken Prozesse unterschlagen oder sonst seines geheiligten Namens, in seiner Unwissenheit, spotten: wer anders als Gott darf ihn wegen der Wahl solcher Diener zur Rechenschaft ziehen, und bist du, gottverdammter und entsetzlicher Mensch, befugt, ihn deshalb zu richten?« – »Wohlan«, versetzte Kohlhaas, »wenn mich der Landesherr nicht verstößt, so kehre ich auch wieder in die Gemeinschaft, die er beschirmt, zurück. Verschafft mir, ich wiederhol es, freies Geleit nach Dresden: so lasse ich den Haufen, den ich im Schloß zu Lützen versammelt, auseinander gehen und bringe die Klage, mit der ich abgewiesen worden bin, noch einmal bei dem Tribunal des Landes vor« ... Luther sagte: »Schau her, was du forderst, wenn anders die Umstände so sind, wie die öffentliche Stimme hören läßt, ist gerecht; und hättest du den Streit, bevor du eigenmächtig zur Selbstrache geschritten, zu des Landesherren Entscheidung zu bringen gewußt, so wäre dir deine Forderung, zweifle ich nicht, Punkt vor Punkt bewilligt worden. Doch hättest du nicht, alles wohl erwogen, besser getan, du hättest, um deines Erlösers willen, dem Junker vergeben, die Rappen, dürre und abgehärmt, wie sie waren, bei der Hand genommen, dich aufgesetzt und zur Dickfütterung in deinen Stall nach Kohlhaasenbrück heimgeritten?« – Kohlhaas antwortete: »Kann sein!« indem er ans Fenster trat: »Kann sein, auch nicht! Hätte ich gewußt, daß ich sie mit Blut aus dem Herzen meiner lieben Frau würde auf die Beine bringen müssen, kann sein, ich hätte getan, wie Ihr gesagt, hochwürdiger Herr, und einen Scheffel Hafer nicht gescheut! Doch, weil sie mir einmal so teuer zu stehen gekommen sind, so habe es denn, meine ich, seinen Lauf: laßt das Erkenntnis, wie es mir zukömmt, sprechen, und den Junker mir die Rappen auffüttern.« – Luther sagte, indem er unter mancherlei Gedanken wieder zu seinen Papieren griff, er wolle mit dem Kurfürsten seinethalben in Unterhandlung treten. Inzwischen möchte er sich auf dem Schlosse zu Lützen still halten; wenn der Herr ihm freies Geleit bewillige, so werde man es ihm auf dem Wege öffentlicher Anplackung bekannt machen. – »Zwar«, fuhr er fort, da Kohlhaas sich herabbog, um seine Hand zu küssen, »ob der Kurfürst Gnade für Recht ergehen lassen wird, weiß ich nicht; denn einen Heerhaufen, vernehm ich, zog er zusammen, und steht im Begriff, dich im Schlosse zu Lützen aufzuheben: inzwischen, wie ich dir schon gesagt habe, an meinem Bemühen soll es nicht liegen.« Und damit stand er auf und machte Anstalt, ihn zu entlassen...

Aus »Michael Kohlhaas«

Heinrich von Kleist

Das Bettelweib von Locarno

Am Fuße der Alpen bei Locarno im oberen Italien befand sich ein altes, einem Marchese gehöriges Schloß, das man jetzt, wenn man vom St. Gotthard kommt, in Schutt und Trümmern liegen sieht: ein Schloß mit hohen und weitläufigen Zimmern, in deren einem einst auf Stroh, das man ihr unterschüttete, eine alte kranke Frau, die sich bettelnd vor der Tür eingefunden hatte, von der Hausfrau aus Mitleiden gebettet worden war. Der Marchese, der bei der Rückkehr von der Jagd zufällig in das Zimmer trat, wo er seine Büchse abzusetzen pflegte, befahl der Frau unwillig, aus dem Winkel, in welchem sie lag, aufzustehn und sich hinter den Ofen zu verfügen. Die Frau, da sie sich erhob, glitschte mit der Krücke auf dem glatten Boden aus und beschädigte sich auf eine gefährliche Weise das Kreuz; dergestalt, daß sie zwar noch mit unsäglicher Mühe aufstand und quer, wie es ihr vorgeschrieben war, über das Zimmer ging, hinter dem Ofen aber unter Stöhnen und Ächzen niedersank und verschied.

Mehrere Jahre nachher, da der Marchese durch Krieg und Mißwachs in bedenkliche Vermögensumstände geraten war, fand sich ein florentinischer Ritter bei ihm ein, der das Schloß seiner schönen Lage wegen von ihm kaufen wollte. Der Marchese, dem viel an dem Handel gelegen war, gab seiner Frau auf, den Fremden in dem obenerwähnten leerstehenden Zimmer, das sehr schön und prächtig eingerichtet war, unterzubringen. Aber wie betreten war das Ehepaar, als der Ritter mitten in der Nacht verstört und bleich zu ihnen herunterkam, hoch und teuer versichernd, daß es in dem Zimmer spuke, indem etwas, das dem Blick unsichtbar gewesen, mit einem Geräusch, als ob es auf Stroh gelegen, im Zimmerwinkel aufgestanden, mit vernehmlichen Schritten langsam und gebrechlich quer über das Zimmer gegangen und hinter dem Ofen unter Stöhnen und Ächzen niedergesunken sei.

Der Marchese, erschrocken, er wußte selbst nicht recht warum, lachte den Ritter mit erkünstelter Heiterkeit aus und sagte, er wolle sogleich aufstehen und die Nacht zu seiner Beruhigung mit ihm in dem Zimmer zubringen. Doch der Ritter bat um die Gefälligkeit, ihm zu erlauben, daß er auf einem Lehnstuhl in seinem Schlafzimmer übernachte; und als der Morgen kam, ließ er anspannen, empfahl sich und reiste ab.

Dieser Vorfall, der außerordentliches Aufsehen erregte, schreckte auf eine dem Marchese höchst unangenehme Weise mehrere Käufer ab; dergestalt, daß, da sich unter seinem eignen Hausgesinde, befremdend und unbegreiflich, das Gerücht erhob, daß es in dem Zimmer zur Mitternachtstunde umgehe, er, um es mit einem entscheidenden Verfahren niederzuschlagen, beschloß, die Sache in der nächsten Nacht selbst zu untersuchen. Demnach ließ er beim Einbruch der Dämmerung sein Bett in dem besagten Zimmer aufschlagen und verharrte, ohne zu schlafen, die Mitternacht. Aber wie erschüttert war er, als er in der Tat mit dem Schlage der Geisterstunde das unbegreifliche Geräusch wahrnahm; es war, als ob ein Mensch sich von Stroh, das unter ihm knisterte, erhob, quer über das Zimmer ging und hinter dem Ofen unter

Geseufz und Geröchel niedersank. Die Marquise, am andern Morgen, da er herunterkam, fragte ihn, wie die Untersuchung abgelaufen; und da er sich mit scheuen und ungewissen Blicken umsah und, nachdem er die Tür verriegelt, versicherte, daß es mit dem Spuk seine Richtigkeit habe, so erschrak sie, wie sie in ihrem Leben nicht getan, und bat ihn, bevor er die Sache verlauten ließe, sie noch einmal in ihrer Gesellschaft einer kaltblütigen Prüfung zu unterwerfen. Sie hörten aber samt einem treuen Bedienten, den sie mitgenommen hatten, in der Tat in der nächsten Nacht dasselbe unbegreifliche, gespensterartige Geräusch; und nur der dringende Wunsch, das Schloß, es koste was es wolle, loszuwerden, vermochte sie, das Entsetzen, das sie ergriff, in Gegenwart ihres Dieners zu unterdrücken und dem Vorfall irgendeine gleichgültige und zufällige Ursache, die sich entdecken lassen müsse, unterzuschieben. Am Abend des dritten Tages, da beide, um der Sache auf den Grund zu kommen, mit Herzklopfen wieder die Treppe zu dem Fremdenzimmer bestiegen, fand sich zufällig der Haushund, den man von der Kette losgelassen hatte, vor der Tür desselben ein; dergestalt, daß beide, ohne sich bestimmt zu erklären, vielleicht in der unwillkürlichen Absicht, außer sich selbst noch etwas Drittes, Lebendiges, bei sich zu haben, den Hund mit sich in das Zimmer nahmen. Das Ehepaar, zwei Lichter auf dem Tisch, die Marquise unausgezogen, der Marchese Degen und Pistolen, die er aus dem Schrank genommen, neben sich, setzen sich gegen elf Uhr jeder auf sein Bett; und während sie sich mit Gesprächen, so gut sie vermögen, zu unterhalten suchen, legt sich der Hund, Kopf und Beine zusammengekauert, in der

Mitte des Zimmers nieder und schläft ein. Drauf, in dem Augenblick der Mitternacht, läßt sich das entsetzliche Geräusch wieder hören: jemand, den kein Mensch mit Augen sehen kann, hebt sich auf Krücken im Zimmerwinkel empor; man hört das Stroh, das unter ihm rauscht; und mit dem ersten Schritt: tapp! tapp! erwacht der Hund, hebt sich plötzlich, die Ohren spitzend, vom Boden empor, und knurrend und bellend, grad als ob ein Mensch auf ihn eingeschritten käme, rückwärts gegen den Ofen weicht er aus. Bei diesem Anblick stürzt die Marquise mit sträubenden Haaren aus dem Zimmer; und während der Marchese, der den Degen ergriffen, »Wer da?« ruft und, da ihm niemand antwortet, gleich einem Rasenden nach allen Richtungen die Luft durchhaut, läßt sie anspannen, entschlossen, augenblicklich nach der Stadt abzufahren. Aber ehe sie noch nach Zusammenraffung einiger Sachen aus dem Tore herausgerasselt, sieht sie schon das Schloß ringsum in Flammen aufgehen. Der Marchese, von Entsetzen überreizt, hatte eine Kerze genommen und dasselbe, überall mit Holz getäfelt wie es war, an allen vier Ecken, müde seines Lebens, angesteckt. Vergebens schickte sie Leute hinein, den Unglücklichen zu retten; er war auf die elendiglichste Weise bereits umgekommen; und noch jetzt liegen, von den Landleuten zusammengetragen, seine weißen Gebeine in dem Winkel des Zimmers, von welchem er das Bettelweib von Locarno hatte aufstehen heißen.

Heinrich von Kleist an Wilhelmine von Zenge

Frankfurt a. d. Oder. o. D.

...sichtbar die Zuversicht, von Ihnen geliebt zu werden?... Atmet nicht in jeder Zeile das frohe Selbstbewußtsein der erhörten und beglückten Liebe? – Und doch – wer hat es mir gesagt? Und wo steht es geschrieben?

Zwar – was soll ich aus dem Frohsinn, der auch Sie seit gestern belebt, was soll ich aus den Freudentränen, die Sie bei der Erklärung Ihres Vaters vergossen haben, was soll ich aus der Güte, mit welcher Sie mich in diesen Tagen zuweilen angeblickt haben, was soll ich aus dem innigen Vertrauen, mit welchem Sie in einigen der verflossenen Abende, besonders gestern am Fortepiano, zu mir sprachen, was soll ich aus der Kühnheit, mit welcher Sie sich jetzt, weil Sie es dürfen, selbst in Gegenwart andrer mir nähern, da Sie sonst immer schüchtern von mir entfernt blieben – ich frage, was soll ich aus allen diesen fast unzweifelhaften Zügen anderes schließen, was anderes, Wilhelmine, als daß ich geliebt werde?

Aber darf ich meinen Augen und meinen Ohren, darf ich meinem Scharfsinn, darf ich dem Gefühle meines leichtgläubigen Herzens, das sich schon einmal von ähnlichen Zügen täuschen ließ, wohl trauen? Muß ich nicht mißtrauisch werden auf meine Schlüsse, da sie mir selbst schon einmal gezeigt haben, wie falsch sie zuweilen sind? Was kann ich im Grunde, reiflich überlegt, mehr glauben, als was ich vor einem halben Jahr auch schon wußte, ich frage, was kann ich mehr glauben, als daß Sie mich schätzen und daß Sie mich wie einen Freund lieben?

Und doch wünsche ich mehr, und doch mögte ich nun gern wissen, was Ihr Herz für mich fühlt. Wilhelmine! lassen Sie mich einen Blick in Ihr Herz tun! Öffnen Sie mir es einmal mit Vertrauen und Offenherzigkeit!

So viel Vertrauen,so viel unbegrenztes Vertrauen von meiner Seite verdient doch wohl einige Erwiderung von der Ihrigen.

Heinrich von Kleist

Ich will nicht sagen, daß Sie mich lieben müßten, weil ich Sie liebe; aber vertrauen müssen Sie sich mir, weil ich mich Ihnen unbegrenzt vertraut habe. – Wilhelmine! Schreiben Sie mir einmal recht innig und herzlich! Führen Sie mich einmal in das Heiligtum Ihres Herzens, das ich noch nicht mit Gewißheit kenne! Wenn der Glaube, den ich aus der Innigkeit Ihres Betragen gegen mich schöpfte, zu kühn und noch zu übereilt war, so scheuen Sie sich nicht, es mir zu sagen! Ich werde mit den Hoffnungen, die Sie mir gewiß nicht entziehen werden, zufrieden sein. Aber auch dann, Wilhelmine, wenn mein Glaube gegründet wäre, auch dann scheuen Sie sich nicht, sich mir ganz zu vertrauen! Sagen Sie es mir, wenn Sie mich lieben – denn warum sollten Sie sich dessen schämen? Bin ich nicht ein edler Mensch, Wilhelmine? Zwar eigentlich – ich will es Ihnen nur offenherzig gestehen, Wilhelmine, was Sie auch immerhin von meiner Eitelkeit denken mögen – eigentlich bin ich es fest überzeugt, daß Sie mich lieben. Aber, Gott weiß, welche seltsame Reihe von Gedanken mich wünschen lehrt, daß Sie es mir sagen mögten. Ich glaube, daß ich entzückt sein werde und daß Sie mir einen Augenblick voll der üppigsten und innigsten Freude bereiten werden, wenn Ihre Hand sich entschließen könnte, diese drei Worte niederzuschreiben: ich liebe Dich.

Ja, Wilhelmine, sagen Sie mir diese drei herrlichen Worte: sie sollen für die ganze Dauer meines künftigen Lebens gelten. Sagen Sie sie mir einmal und lassen Sie uns dann bald dahin kommen, daß wir nicht mehr nötig haben, sie uns zu wiederholen! Denn nicht durch Worte, aber durch Handlungen zeigt sich wahre Treue und wahre Liebe. Lassen Sie uns bald recht innig vertraut werden, damit wir uns ganz kennenlernen! Ich weiß nichts, Wilhelmine, in meiner Seele regt sich kein Gedanke, kein Gefühl in meinem Busen, das ich scheuen dürfte Ihnen mitzuteilen. Und was könnten Sie mir wohl zu verheimlichen haben? Und was könnte Sie wohl bewegen, die erste Bedingung der Liebe, das Vertrauen, zu verletzen? – Also offenherzig, Wilhelmine, immer offenherzig! Was wir auch denken und fühlen und wünschen – etwas Unedles kann es nicht sein, und darum wollen wir

Wilhelmine von Zenge

es uns freimütig mitteilen. Vertrauen und Achtung, das sind die beiden unzertrennlichen Grundpfeiler der Liebe, ohne welche sie nicht bestehen kann; denn ohne Achtung hat die Liebe keinen Wert und ohne Vertrauen keine Freude...

Heinrich Kleist

Wilhelmine von Zenge an Heinrich von Kleist

Frankfurth a. O. am 10. April 1802

Mein lieber Heinrich! Wo Dein jetziger Aufenthalt ist, weiß ich zwar nicht bestimmt, auch ist es sehr ungewiß, ob das, was ich jetzt schreibe, Dich dort noch treffen wird, wo ich hörte, daß Du Dich aufhältst; doch ich kann unmöglich länger schweigen. Mag ich auch einmal vergebens schreiben, so ist es doch nicht meine Schuld, wenn Du von mir keine Nachricht erhältst. Über zwei Monate war Deine Familie in Gulben, und ich konnte auch nicht einmal durch sie erfahren, ob Du noch unter den Sterblichen wandelst, oder vielleicht auch schon die engen Kleider dieser Welt mit bessern vertauscht hast. Endlich sind sie wieder hier, und, da ich schmerzlich erfahren habe, wie wehe es tut, gar nichts zu wissen von dem, was uns über alles am Herzen liegt, so will ich auch nicht länger säumen, Dir zu sagen, wie mir es geht. Viel Gutes wirst Du nicht erfahren.

Ulrike wird Dir geschrieben haben, daß ich das Unglück hatte, ganz plötzlich meinen liebsten Bruder zu verlieren – wie schmerzlich das für mich war, brauche ich Dir wohl nicht zu sagen. Du weißt, daß wir von der frühesten Jugend an immer recht gute Freunde waren und uns recht herzlich liebten. Vor kurzem waren wir auf der silbernen Hochzeit unserer Eltern so froh zusammen, er hatte uns ganz gesund verlassen und auf einmal erhalten wir die Nachricht von seinem Tode. – Die erste Zeit war ich ganz wie erstarrt, ich sprach und weinte nicht. Ahlemann, der während dieser traurigen Zeit oft bei uns war, versicherte, er habe sich über mein starres Lächeln sehr erschreckt. Die Natur erlag diesem schrecklichen Zustande, und ich wurde sehr krank. Eine Nacht, da Louise nach dem Arzt schickte, weil ich einen sehr starken Krampf in der Brust hatte und jeden Augenblick glaubte, zu ersticken, war der Gedanke an den Tod mir gar nicht schrecklich.

Doch der Zuruf aus meinem Herzen; »es werden geliebte Menschen um Dich trauern, einen kannst Du noch glücklich machen!« der belebte mich auf's neue, und ich freute mich, daß die Medizin mich wieder herstellte. Damals, lieber Heinrich, hätte ein Brief von Dir meinen Zustand sehr erleichtern können, doch Dein Schweigen vermehrte meinen Schmerz.

Bedauerst Du mich nicht? Ich habe viel ertragen müssen. Tröste mich bald durch eine erfreuliche Nachricht von Dir, schenke mir einmal ein paar Stunden und schreibe mir recht viel! Von Deinen Schwestern höre ich nur, daß Du nicht oft an sie schreibst, höchstens noch den Namen Deines Aufenthaltes, Du kannst Dir also leicht vorstellen, wie sehr mir verlangt, etwas mehr von Dir zu hören.

Freuden gibt es für mich sehr wenig; – unsere kleine Emilie macht mir zuweilen frohe Stunden. Sie fängt schon an zu sprechen wenn ich frage: »was macht Dein Herz?« so sagt sie ganz deutlich: »mon coeur palpite« und dabei hält sie die rechte Hand aufs Herz. Frage ich, »wo ist Kleist?« so macht sie das Buch voneinander und küßt Dein Bild. Mache Du mich bald froher durch einen Brief von Dir, ich bedarf es sehr, von Dir getröstet zu werden...

Ich wünsche Dir recht viel frohe Tage auf Deiner Reise und dann bald einen glücklichen Ruhepunkt.

Ich habe die beiden Gemälde von L. und ein Buch, worin Gedichte stehen, in meiner Verwahrung. Das übrige von Deinen Sachen hat Dein Bruder. Man glaubt, das gehörte Carln und schickte mir es heimlich zu.

Schreibe recht bald an Deine Wilhelmine.

Heinrich von Kleist

Wunsch am Neuen Jahre 1800 für Ulrike von Kleist

Amphibion Du, das in zwei Elementen stets lebet,
Schwanke nicht länger und wähle Dir endlich ein sichres Geschlecht.

Ulrike von Kleist

Schwimmen und fliegen geht nicht zugleich, drum verlasse das Wasser,
Versuch es einmal in der Luft, schüttle die Schwingen und fleuch!

Heinrich von Kleist
an Adolfine Henriette Vogel

Berlin, nach Michaelis 1810

Mein Jettchen, mein Herzchen, mein Liebes, mein Täubchen, mein Leben, mein liebes süßes Leben, mein Lebenslicht, mein Alles, mein Hab und Gut, meine Schlösser, Äcker, Wiesen und Weinberge, o Sonne meines Lebens, Sonne, Mond und Sterne, Himmel und Erde,

Henriette Vogel

meine Vergangenheit und Zukunft, meine Braut, mein Mädchen, meine liebe Freundin, mein Innerstes, mein Herzblut, meine Eingeweide, mein Augenstern, o, Liebste, wie nenn' ich Dich? Mein Goldkind, meine Perle, mein Edelstein, meine Krone, meine Königin und Kaiserin. Du Liebling meines Herzens, meine Hochzeit, die Taufe meiner Kinder, mein Trauerspiel, mein Nachruhm. Ach, Du bist mein zweites besseres Ich, meine Tugenden, meine Verdienste, meine Hoffnung, die Vergebung meiner Sünden, meine Zukunft und Seeligkeit, o., Himmelstöchterchen, mein Gotteskind, meine Fürsprecherin und Fürbitterin, mein Schutzengel, mein Cherubin und Seraph, wie lieb' ich Dich! –

Henri Bergson (1859)

Das Lachen

...Oft hegen wir für eine komische Gestalt zunächst viel Sympathie. Jedenfalls versetzen wir uns vorübergehend an ihre Stelle, wir nehmen ihre Gebärden, ihre Redensarten, ihre Handlungsweisen an, und wenn uns das Lächerliche an ihr belustigt, so fordern wir sie im Geist auf, mit uns darüber zu lachen. Wir behandeln sie als Kameraden. Dem Lachen ist also zumindest ein Anschein von Wohlwollen, von liebenswürdiger Leutseligkeit eigen, und es wäre falsch, dieser Tatsache nicht Rechnung zu tragen. Vor allem aber enthält das Lachen ein Element der *Entspannung*. Das hat sich nirgends deutlicher gezeigt, als in unseren letzten Beispielen. Dort finden wir übrigens auch die Erklärung dafür.

Wenn die komische Gestalt ihre Idee automatisch weiterverfolgt, so denkt, spricht, handelt sie am Schluß, als ob sie träumte. Der Traum aber ist eine Entspannung. Mit den Dingen und den Menschen in Kontakt bleiben, nur das sehen, was ist, nur das denken, was Hand und Fuß hat, erfordert eine ununterbrochene geistige Anstrengung und Gespanntheit. Aus dieser Anstrengung besteht der gesunde Menschenverstand. Er ist Arbeit. Aber sich von den Dingen lösen und dennoch weiterhin Bilder sehen, mit der Logik brechen und dennoch weiterhin Gedanken sammeln, das ist nur noch Spielerei. Man kann es auch Trägheit nennen. Die komische Absurdität läßt uns also zuerst an ein Spiel mit Gedanken denken. Unsere erste Regung heißt uns, an diesem Spiel teilzunehmen. Wir erholen uns dabei von der Mühe des Denkens.
Dasselbe läßt sich aber auch von anderen Formen des Lächerlichen sagen. In der Komik besteht immer die Tendenz, sich einen bequemen Hang hinunterschlittern zu lassen, und das ist meist der Hang der Gewohnheiten. Man will sich nicht länger auf Schritt und Tritt der Gesellschaft anpassen. Man entzieht sich der Pflicht, bewußt zu leben. Man gleicht mehr oder weniger einem Zerstreuten. Es ist, zugegeben, mindestens ebensosehr eine Zerstreutheit des Willens als eine Zerstreutheit des Verstandes, aber auf alle Fälle ist es Zerstreutheit und folglich Trägheit. Man bricht mit den Konventionen wie eben noch mit der Logik. Kurz, man benimmt sich wie einer, der spielt. Und wieder ist unsere erste Regung der Wunsch, der Einladung zur Trägheit zu folgen. Zumindest einen Augenblick lang spielen wir mit, um uns von der Mühe des Lebens zu erholen.

Doch es ist eine kurze Ruhepause. Denn flüchtig ist die Sympathie, die mit dem Erlebnis der Komik einhergehen kann. Auch sie stammt ja aus der Zerstreutheit. Es ist, wie wenn ein strenger Vater sich bisweilen vergißt und an einem Streich seines Sohnes Spaß empfindet, bis er sich wieder auf sich selbst besinnt und den Jungen bestraft.

*

Das Lachen ist, ich wiederhole es, ein Korrektiv und dazu da, jemanden zu demütigen. Infolgedessen muß es in der Person, der es gilt, eine peinliche Empfindung hervorrufen. Durch ihr Gelächter rächt sich die Gesellschaft für die Freiheiten, die man sich ihr gegenüber herausgenommen hat. Das Lachen würde seinen Zweck verfehlen, wenn es von Sympathie und Güte gekennzeichnet wäre.

*

Man wird nun behaupten, zumindest die Absicht könne gut sein, oft züchtige man, weil man liebe, und indem das Lachen die äußeren Anzeichen gewisser Charaktermängel aufdecke, verhelfe es uns zu unserem eigenen Besten dazu, diese Fehler abzulegen und bessere Menschen zu werden.

*

Dazu ließe sich vieles sagen. Im großen ganzen übt das Lachen fraglos eine nützliche Funktion aus. Alle unsere Untersuchungen waren übrigens darauf angelegt, dies zu beweisen. Das will aber nicht heißen, daß das Lachen immer richtig trifft oder daß es ein Zeichen von Wohlwollen oder gar Gerechtigkeit ist.

Um immer richtig zu treffen, müßte es einem Akt der Reflexion entspringen. Nun ist aber das Lachen ganz einfach die Auswirkung eines Mechanismus, den die Natur oder, was etwa auf dasselbe herauskommt, eine jahrelange Gewohnheit im Umgang mit der Gesellschaft in uns eingebaut haben. Es bricht ganz von allein und schlagartig los. Es hat keine Zeit für lange Zielübungen. Das Lachen straft gewisse Fehler etwa so, wie eine Krankheit gewisse Exzesse straft; es trifft Unschuldige, verschont Schuldige, zielt nur auf ein Gesamtergebnis ab und ist außerstande, jedem einzelnen Fall die Ehre einer Sonderbehandlung angedeihen zu lassen. Ebenso verhält es sich mit allem, was mit natürlichen Mitteln anstatt durch bewußte Überlegung vollbracht wird. Ein durchschnittliches Maß von Gerechtigkeit mag zwar im Gesamtergebnis zutage treten, nicht aber im Einzelfall.

*

Das Lachen kann also nicht immer restlos gerecht sein. Es soll auch nicht gütig sein. Es soll einschüchtern, indem es demütigt. Diese Funktion könnte es nicht erfüllen, hätte nicht die Natur zu diesem Zweck noch im besten Menschen eine kleine Spur Bosheit oder zumindest Schalkhaftigkeit hinterlassen. Vielleicht verweilen wir besser nicht länger bei diesem Punkt. Wir fänden für uns nicht viel Schmeichelhaftes. Wir müßten erkennen, daß die Regung, die Entspannung oder Befreiung bedeutet, nur ein Vorspiel des Lachens ist, daß der Lachende sich sofort auf sich zurückbesinnt, sich selbst mehr oder weniger anmaßend zur Geltung bringt und den anderen unter Umständen nur als eine Marionette betrachtet, die er nach Belieben tanzen lassen kann. In dieser Anmaßung würden wir übrigens sehr schnell eine Spur Egoismus entdecken und hinter dem Egoismus etwas noch weniger Offenes, noch Bitteres, eine Art von aufkeimendem Pessimismus, der sich um so stärker äußert, je bewußter der Lachende sein Gelächter begründet.

*

Hier wie überall hat die Natur dafür gesorgt, daß das Böse dem Guten dient. Und es war in erster Linie das Gute, das uns in dieser Studie beschäftigt hat. Uns schien, die Gesellschaft erziele eine immer größere Anpassungsfähigkeit ihrer Glieder, je mehr sie sich selbst vervollkommne; sie finde ein immer besseres Gleichgewicht; sie dränge die in einer so großen Masse unvermeidlichen Störungen immer stärker an ihre Oberfläche, und das Lachen erfülle dabei eine nützliche Funktion, weil es uns die Umrisse dieser unruhigen Bewegungen erkennen lasse.

*

So kämpfen auch die vom Wind gepeitschten Wasser ohne Unterlaß an der Oberfläche des Meeres, während in den unteren Schichten tiefer Friede herrscht. Die Wellen prallen aufeinander, behindern sich gegenseitig, suchen ihr Gleichgewicht. Leichte, weiße, lustige Schaumkronen begleiten ihren Tanz. Einige bleiben am Strand liegen, wenn die Flut zurückweicht. Das Kind, das in der Nähe spielt, kommt und schöpft sie mit der Hand und wundert sich, daß gleich darauf nur noch ein paar Wassertropfen durch seine Finger rinnen, viel salziger, viel bitterer als das Wasser der Welle, die den Schaum an den Strand trug. Das Lachen ist wie der Schaum. Es zeigt den Aufruhr an der Oberfläche des sozialen Lebens an. Es zeichnet die beweglichen Umrisse dieser Erschütterungen augenblicklich nach. Es ist auch salzhaltig. Und es prickelt wie Schaum. Es ist etwas Leichtes, Fröhliches. Der Philosoph, der es einfängt, um davon zu kosten, wird im übrigen noch in der geringsten Menge bisweilen eine Dosis Bitterkeit entdecken.

Aus »Das Lachen. Essay über die Bedeutung des Komischen«,
aus dem Französischen von Roswitha Plancherel-Walter,
mit freundlicher Genehmigung des Verlages Die Arche, Zürich

Das persönliche Horoskop

Astrologische Charakterkunde für
die charmante und unentschlossene Waage
3. Dekade vom 14.–23. Oktober

Ihr persönlicher Weg zum Glück

Sie werden von vielen Mitmenschen um Ihre Popularität und Beliebtheit beneidet. Und wenn Sie auch in Ihrem Inneren ein eher rastloser Mensch sind, bewundert man Sie Ihrer gelassenen Art wegen. Allein mit Ihrem Charme können Sie den verhängnisvollsten Situationen entgehen. Mitunter sind Sie ein großer Philosoph. Waage-Menschen der dritten Dekade sind oft besonders hoch in Geist und Charakter entwickelt. Allerdings: Von nichts kommt nichts. Sie müssen jede astrologische Chance ergreifen, um das Beste aus Ihrem Leben zu machen. Dafür müssen gerade Sie hart an sich arbeiten. Merken Sie sich: Die Sterne künden Ihnen kein unabwendbares Schicksal, sie können Ihnen aber eine echte Lebenshilfe sein und Ihnen den optimalen Weg durchs Leben zeigen.

Für ein glückliches und ausgeglichenes Dasein spielen ganz bestimmte Farben für Sie eine dominierende Rolle. Als Waage-Geborener der dritten Dekade werden Sie ganz besonders von drei Glücksfarben positiv beeinflußt: von Lichtblau, Rot und Grün. Umgeben Sie sich so häufig wie möglich damit, vor allem, wenn Sie Kleidung,

Vorhänge, Tapeten, Teppiche und Möbelstoffe kaufen. Diese Farben geben Ihnen eine besonders ausgeglichene Stimmung und innere Sicherheit.

Die Zahlen, die dem Waage-Geborenen der dritten Dekade Glück bringen, sind die Sechs und die Neun. In Einzelfällen hat auch die Drei eine gewisse Bedeutung, weil Sie in der Sechs und der Neun enthalten ist. Vor allem aber begegnet Ihnen die Sechs in entscheidenden Situationen Ihres Lebens. Sie werden überrascht sein.

Ihre Glücksmetalle, die Ihnen astrologisch zugeordnet sind und die Ihren Organismus positiv beeinflussen, sind das Kupfer und das Eisen. Auch Legierungen aus beiden Metallen wirken sich auf Sie sehr günstig aus. Das kann man bei Glücksamuletten immer wieder feststellen. Vor allem aber das Kupfer übt auf Sie einen heilenden Einfluß aus. Waage-Menschen sprechen daher auf Kupfer-Heilarmbänder besonders positiv an.

Unter den Glückssteinen sind Ihnen verschiedene Schönheiten zugeordnet: der schwachblau schimmernde Aquamarin, der Rubin, der Granat, der Rauchtopas.

Bei den Glückspflanzen werden Sie besonders von der Kamille und von Kastanienblättern beeinflußt. Aber auch die Kastanienfrucht spielt in Ihrem Leben von Kindheit an eine besondere Rolle. Die Kastanie hat für den Waage-Menschen nicht nur eine magische, sondern auch eine heilende Wirkung.

Wenn Sie einen Weg voller Glück gehen wollen, dann wählen Sie sich die Menschen, mit denen sie verkehren oder denen Sie sich anvertrauen, sehr genau aus. Lassen Sie sich nicht vom ersten Eindruck täuschen. Sie könnten sonst große Enttäuschungen erleben. Und merken Sie sich: Sie werden sich immer im kleinen Kreis wohler fühlen als unter vielen Leuten. Sie haben nämlich dann die Möglichkeit, sich auf jeden einzelnen Ihrer Mitmenschen genau einzustellen. Sie sind überhaupt nicht gern allein, aber Massenveranstaltungen sind für Sie ein Horror. Meiden Sie daher jegliche Großkundgebung, jegliches Gedränge, wenn es Sie auch noch so sehr interessiert, was dort geschieht. Sie wollen mit einer Gruppe von Leuten Interessantes erleben und suchen sich Menschen mit gleichen Interessen. Sie sind ein Gegner von plumpen Schmeicheleien und haben nur Interesse an echtem, ehrlichem Lob. Sehr glücklich kann es gerade Sie machen, wenn Sie in regelmäßigen Abständen Konzerte oder Hausmusikabende besuchen. Das Ergebnis von Musik – egal, ob es sich um einen alten Meister oder um eine moderne Komposition handelt – versetzt Sie auf Grund Ihres Feinsinns in eine gute, harmonische Stimmung. Sie lauschen für Ihr Leben gern wohlklingenden Tönen und Melodien, haben dabei aber einen besonderen Hang für die romantische Darstellung. Je geheimnisvoller eine Musikdarbietung, desto reizvoller für Sie. Das kommt ganz eindeutig von einem unleugbarem Skorpion-Einfluß in Ihrer dritten Dekade. Zu Ihrem stark ausgeprägten Schönheitssinn gesellt sich massiv der Hang zu Mysteriösem und Magischem. Egal, ob es sich um Musik, um bildende Kunst oder um Theater, Kino und Fernsehen handelt: Das Geheimnisvolle versetzt Sie in besondere Begeisterung. Es müssen ja nicht gerade Gespenstergeschichten sein. Aber jede künstlerische Leistung, die einen guten Schuß Romantik und Geheimnisvolles an Sie heranbringt, ist Ihnen willkommen. Vielleicht greifen Sie gerade deshalb so gern zu historischen Romanen. Grundsätzlich lieben Sie künstlerische Darbietungen immer, wenn dahinter wirkliches Können steckt. Sie begeistern sich auch für Schauspieler und Sänger. Ein persönlicher Kontakt mit Prominenten der Kunst bedeutet Ihnen mehr als vielen anderen Menschen. Waage-Geborene der dritten Dekade sind oft bis ins vorgerückte Alter begeisterte Autogrammsammler. Aber auch eigene künstlerische Aktivitäten sind für Sie sehr wichtig: Versuchen Sie doch einmal ein Bild zu malen, ein Instrument zu erlernen, ein Lied zu singen. Vor allem sollten Sie sich dem Tanz widmen, da er mit Ihrer vielgeliebten Musik zusammenhängt. Besuchen Sie eine Tanzschule. Es ist nie zu spät dazu. Sie werden da sehr viele glückliche Stunden erleben. Dabei werden Sie natürlich auch mit vielen Menschen zusammentreffen. Daher brauchen Sie zum Ausgleich auch wieder einsame Stunden, um sich zu erholen, zu sich selbst zu finden. Diese Art von innerer Regeneration erleben Sie am erfolgreichsten in der Natur auf einsamen Wald- und Wiesenwegen. Als Waage-Geborener genießen Sie das besonders. Der Anblick von Blüten, Gräsern und zwitschernden Vögeln vermittelt Ihnen seelische Kraft. Sie nehmen das alles optimal auf und haben das Talent zum bewußten, naturverbundenen Leben, das vielen anderen verlorengegangen ist.

Wenn Sie sich für ein Haustier entscheiden, dann kommt für Sie nur eine kleine Persönlichkeit in Frage. Eine eigenwillige Katze und ein selbstbewußter Dackel sind die idealen Partner für Sie.

Sie lieben zeitweise den Hauch der großen, luxuriösen Welt. Gönnen Sie sich derartige Erlebnisse.

Nützen Sie Ihre positiven Anlagen

Als Waage-Geborener der dritten Dekade zeichnen Sie sich in jeder Lebenslage durch besondere Kreativität aus. Diese Eigenschaft gleicht sehr gut eine gewisse Willensschwäche aus. Sie befinden sich oft in großen inneren Kämpfen, ringen mit sich selbst und müssen sich Ihre Ausgeglichenheit erst mühsam erarbeiten. Dazu gehört viel Disziplin. Sie haben daher sich selbst gegenüber die Verpflichtung, sich besser unter Kontrolle zu halten. Nur so können Sie die verhältnismäßig vielen positiven Charakteranlagen, die in Ihnen schlummern, richtig zur Entfaltung bringen. Haben Sie es dann aber einmal geschafft, wird Sie das besonders glücklich machen.

Nur keine Komplexe: Sie tragen für so vieles im Leben unerschöpfliche Begabungen in sich. Sie müssen nur mutig an die Aufgaben herangehen. Ihr Kapital dafür sind in dieser Beziehung eine ungeheure Diplomatie sowie ein besonderes Taktgefühl; und zwar in allen Situationen des Lebens. Bewahren Sie immer Ihre liebevolle und friedfertige Natur. Mit einer gewissen Fröhlichkeit, die aber aus ehrlichem Herzen kommen muß, beeindrucken Sie nicht nur Ihre Mitmenschen, sondern Sie gehen auch aus vielen unangenehmen Begegnungen als Sieger hervor. Besonders ausgeprägt ist bei Ihnen der Gerechtigkeitssinn. Was man an Ihnen so schätzt, ist Ihre Rücksicht auf andere, Ihre Großzügigkeit und Hilfsbereitschaft. Romantik und Kunstverständnis vermitteln Ihnen harmonische Gefühle. Durch einen Skorpion-Einfluß in Ihrer dritten Waage-Dekade können Sie in kritischen Lebensphasen sehr gründlich, ausdauernd und erfinderisch sein.

Vorsicht vor den eigenen Fehlern

Die meisten Pannen passieren im Leben ja doch immer dann, wenn man sich nicht oder zuwenig auf die eigenen negativen Eigenschaften einstellt, wenn man die eigenen Fehler ignoriert. Darum ist es gut, daß uns die Sterne so offen und ehrlich darüber aufklären, welche gefährlichen Anlagen in jedem von uns schlummern, die bei mangelnder Disziplin überhand nehmen und uns schaden können.

Wenn Sie als Waage-Geborener der dritten Dekade Anlagen zur Rachsucht und zum Zynismus zeigen, werden Sie bald viele Feinde um sich scharen. Auch Eifersucht und Neid schwächen Ihre Position und machen Sie selbst auf allen Ebenen Ihres Lebens sehr unglücklich. Sie befinden sich oft in Gefahr, sehr oberflächlich zu handeln. Wenn Sie in Trägheit verfallen, dann lassen Sie sich schon sehr gehen und, das ist dann bereits sehr bedenklich. Außerdem können Sie dadurch leicht von anderen Menschen in Abhängigkeit geraten. Und Sie dürfen versichert sein, daß diejenigen Sie dann in sehr unangenehme Situationen bringen können. Flatterhaftigkeit kann viel in Ihrem Privatleben zerstören. Auch sollten Sie sich bemühen, eine gewisse Gefühlskälte einem lieben Menschen gegenüber abzubauen. Erziehen Sie sich unentwegt dazu, daß Sie Dinge, die Sie nicht leicht und ohne Anstrengung erreichen, nicht aus Einfachheit einfach fallenlassen. Das könnte Sie eines Tages in eine gefährliche Lebenseinstellung versetzen. Weichen Sie jeder Heuchelei und Falschheit aus. Verantwortungslosigkeit kann Ihnen zum Verderben werden, Rücksichtslosigkeit Sie zu Fall bringen.

Ihre Chancen in Liebe und Ehe

Als Waage-Geborener der dritten Dekade haben Sie es, was die Kommunikation mit dem Partner angeht, oft recht schwer. Wenngleich Sie ihn sehr mögen, fallen Ihnen nicht immer die richtigen Worte ein, um Ihre Zuneigung zu formulieren. Sie finden unter Umständen gar nichts dabei, sich einige Zeit um den Partner kaum zu kümmern, und sind dann erstaunt, daß der andere an Ihrer Liebe zweifelt. Sie stellen recht hohe Anforderungen an die Geduld Ihres vielgeliebten Mitmenschen. Denken Sie gründlich nach, ob Sie manchmal nicht ein wenig zu viel in Sachen Liebe, Ehe und Schönheit verlangen. Denken Sie realistischer. Und sehen Sie sich vor allem vor: Nicht alles ist mit Ihrem sprichwörtlichen Charme und mit Ihrem diplomatischen Geschick zu erreichen. Hören Sie auf Ihre innere Stimme, und geben Sie Ihrem ersten Eindruck nach: Mißfällt Ihnen ein Partner durch hervorstechende negative Eigenschaften wie Derbheit, Ungeschick und Aggression, dann lassen Sie besser rechtzeitig von ihm ab.

Sie können sehr kleinlich sein, was das Äußere des Partners betrifft. Sie wollen immer adrette, modisch gekleidete und saubere Menschen um sich. Das allerdings geht nicht in allen Lebenslagen. Seien Sie da gerecht.

Es gibt keinen Zweifel: Gerade in Liebe und Ehe stehen Sie zeitweilig unter einem deutlichen Skorpion-Einfluß in Ihrer dritten Waage-Dekade. Daher sollten Sie prinzipiell nur Herzensbindungen eingehen, die Ihnen von allem Anfang an Glück und Zufriedenheit bescheren. Es ist falsch, wenn Sie annehmen, diese oder jene Eigenschaft des anderen würde sich ändern oder bessern. Das kommt nie vor. Diese Hoffnungen erfüllen sich nicht. Halten Sie sich an das Sprichwort: Lieber ein Ende ohne Schrecken als ein Schrecken ohne Ende.

Ganz typisch für Ihren Skorpion-Einfluß ist auch Ihr deutlicher Unwille, sich von jemandem erziehen zu lassen. Sie dulden es nicht, daß man Sie zu zähmen versucht. Dafür aber haben Sie eine sehr wesentliche Verpflichtung sich selbst gegenüber: Sie müssen jeden stillen Wunsch abbauen, der Sie zu dem Versuch verleitet, tyrannisch und fordernd zu sein. Sie sind ja gar nicht der Zeitgenosse, der Macht über andere ausüben will und kann.

Seien Sie friedlich, und halten Sie sich mit Ihrer Kritik dem Partner gegenüber zurück. Sie könnten da viel zerstören. Im Grunde genommen mögen Sie es doch auch nicht, wenn man Sie mit Belehrungen und Besserwissereien verfolgt. Sie brauchen einen Lebenspartner, der Ihnen viel Liebe gibt, der aber auch zusätzlich die Kraft und Energie aufbringt, Ihnen Ruhe, Frieden und Harmonie zu garantieren. Er muß möglichst alles Unangenehme von Ihnen fernhalten. Genieren Sie sich nicht: Sie sind recht schutzbedürftig. Sie brauchen einen starken Partner. Bemühen Sie sich, einen Fehler, zu dem Sie neigen, abzubauen: Sie haben die verhängnisvolle Gabe, bei harmlosen Problemen in der Liebe und in der Ehe viel Staub aufzuwirbeln. Es hat keinen Sinn, einer Kleinigkeit wegen einen bösen Streit heraufzubeschwören.

Geben Sie sich bescheiden: Nehmen Sie sich nicht vor, alle Menschen erobern zu müssen. Erstens haben Sie nicht das Zeug dazu, andere Herzen im Sturm zu nehmen, und zweitens müssen Sie sich damit abfinden, daß es Leute gibt, die Sie auch ablehnen.

Sie ringen sehr oft um jede Entscheidung in der Liebe. Allerdings wird es Zeiten geben, wo Sie sich auch zu einem etwas schnelleren Entschluß zwingen müssen. Sie handeln dann am besten, wenn Sie sich ganz offen über alle Probleme mit dem Partner aussprechen. Lassen Sie Ihr Herz ebenso wie den Verstand sprechen. Das gilt vor allem dann, wenn Sie ans Heiraten denken. Und lassen Sie sich nicht zu lange Zeit. Mancher Waage-Geborene mußte mitansehen, wie ihm sein Traumpartner vor der Nase weggeheiratet wurde, weil er zu lange überlegt hat.

Ideal ist die Verbindung des Waage-Geborenen der dritten Dekade mit dem Wassermann, dem Zwilling, mit dem Fisch und dem Krebs. Sehr harmonische Aussichten gibt es auch mit Schütze, Löwe, Jungfrau und Steinbock. Der Steinbock ist allerdings für so eine Verbindung manchmal zu schwerfällig, der Skorpion zu leidenschaftlich. Mit dem Stier gibt es Zeiten in Himmel und Hölle. Mit dem Widder müssen verschiedene Arrangements getroffen werden. Der Waage-Geborene der dritten Dekade kommt meist mit jeder anderen Waage bestens zurecht, vor allem, wenn viele Aussprachen stattfinden.

Sie und Ihre Freunde

Böse und häßliche Worte aus dem Mund von Freunden sind Ihnen verhaßt. Sie setzen voraus, daß man Ihnen höflich gegenübertritt. Außerdem erwarten Sie von Ihren Freunden, daß Sie Herzlichkeit ausstrahlen. Auch Sie sind ja bereit, sich von der besten Seite zu zeigen. Sie legen großen Wert auf viele Gespräche und ausführliche Diskussionen im engen Freundeskreis. Dabei lassen sich auch viele Probleme bewältigen.

Sie können es absolut nicht vertragen, wenn Freunde Sie zu einer raschen Entscheidung drängen wollen. Sie verlieren da leicht die Nerven und ziehen sich zurück. Man muß Ihnen Zeit zum Nachdenken lassen. Es hat auch gar keinen Sinn, wenn ein Freund versucht, Ihnen etwas einzureden. Da meldet sich dann der deutliche Skorpion-Einfluß in Ihrer dritten Waage-Dekade. Sie haben Ihre festgefügte Meinung und lassen sich trotz Waage-Unsicherheit kaum davon abbringen. Da nützen keine Argumente und Bitten. Sehr wichtig ist es, daß Ihre Freunde nicht neugierig in Sie dringen und Ihnen Ihre Geheimnisse lassen. Darauf legen Sie größten Wert. Zuviele Fragen auf einmal machen Sie grundsätzlich nervös.

Wer auf Freundschaft mit Ihnen Wert legt, muß viel Verständnis aufbringen. Sie werden schnell müde, brauchen Ruhepausen, können urplötzlich von der besten Laune in schlechte Laune abgleiten. Sie leiden auch oft unter Ängsten und brauchen Trost und Rat. Außerdem erwarten Sie von guten Freunden, daß diese Sie von allem Häßlichen und Unangenehmen fernhalten und Ihnen nur Schönes und Positives nahebringen.

Sie sind sehr feinfühlend und schätzen es gar nicht, wenn Bekannte allzu vertraut tun und Ihnen beim Gespräch auf die Schulter klopfen oder Sie in die Rippen stoßen. Sie legen Wert auf Höflichkeit und Takt. Ganz böse werden Sie, wenn sich Ihre Freunde in guter Stimmung über Sie lustig machen. Sie wollen ernst genommen werden und kränken sich insgeheim sehr.

Ihre beruflichen und finanziellen Chancen

Sie stehen als Waage-Geborener der dritten Dekade gerade bei Ihrer Berufswahl genau zwischen zwei Tierkreiszeichen und verzeichnen oft einen großen Skorpion-Einfluß. Während alle anderen Waage-Menschen Machtpositionen eher meiden und nicht zuviel Verantwortung tragen wollen, liebäugeln Sie gerade damit. Das reizt Sie und macht Ihnen Spaß. Unter Umständen spornen Sie Macht und Einfluß mehr an als Geld. Aus diesem Grund nehmen Sie hin und wieder auch risikoreiche Geschäfte an und begeben sich da auf sehr glattes Parkett.

Sie brauchen unbedingt einen Aufgabenbereich, bei dem Sie viel mit Menschen zu tun haben. Nur eines darf man von Ihnen nicht verlangen: schnelle Entscheidungen. Diese können Sie auch dann nicht treffen, wenn es im Berufsleben hart auf hart geht, wenn Sie gegen Intrigen ankämpfen müssen. Gleichen Sie Ihre langsame Gangart durch Diplomatie aus. Das klappt bei Ihnen in den meisten Fällen vorzüglich.

Als Vorgesetzter ist der Waage-Geborene der dritten Dekade anstrengend, da er oft so nett und dann wieder so unangenehm und verletzend sein kann. Sie sind aber meistens sehr besonnen und gerecht. Sie überlegen jede Entscheidung lange und diskutieren Sie mit Ihren Mitarbeitern durch. Sie legen Wert auf gepflegte Kollegen und auf einen schönen Arbeitsplatz. Ihr Charme kann mitunter umwerfend sein und die anderen zu eifriger Arbeit anspornen. Als Angestellter ist der Waage-Geborene der dritten Dekade nett zu den Kollegen. Er hat aber seine schwierigen Perioden, weil er nicht immer gerade sehr kooperativ ist. Er arbeitet tüchtig, braucht zwischendurch Erholungspausen und verträgt keinen befehlenden Ton. Auch Rügen sind ihm verhaßt.

Ideale Berufe – egal ob für Frau oder Mann – sind für den Waage-Geborenen der dritten Dekade: Verkäufer, Blumenhändler, Kellner, Meinungsforscher, Journalist, Showmaster, Discjockey, Gärtner, Kunsthändler, Schauspieler, Schriftsteller, Sekretärin, Richter, Psychiater, Finanzbeamter, Kaufmann, Polizist, Kriminalbeamter, Chemiker, Arzt.

Finanziell sieht es für Sie sehr gut aus. Sie bringen es in späteren Jahren zu einem überdurchschnittlichen Einkommen, wenn Sie recht viel aus Ihrem inneren Eifer herausholen. Sie sind ein Naturtalent und haben eine wunderbare Gabe, mit Geld umzugehen. Sie sind ein Meister im Haushalten. Jeder, den Sie dabei beraten, kann glücklich sein. Darum sollten gerade Sie in der Familie die Geldgeschäfte verwalten. Seien Sie nur in jenen Perioden vorsichtig, in denen Sie zu großzügig sind. Meist hängt das auch mit der Liebe zusammen. Verlieren Sie nur ja nicht die Nerven, wenn Sie einmal kein Geld haben. Sie sind ein perfekter Lebenskünstler. Ein guter Tip: Gehen Sie nicht vorzeitig an Ihr Sparbuch heran.

Tips für Ihre Gesundheit

Gerade Sie als Waage-Geborener der dritten Dekade sollten sich eine grundsätzlich positive Einstellung zum Leben anerziehen und immer daran denken, daß ein trainierter Körper mehr Widerstandskräfte gegen Krankheiten besitzt. Das bedeutet für Sie: regelmäßiges Schwimmen, Gymnastik, Wandern, Atemübungen in sauerstoffreicher Luft. Grundsätzlich sind Sie nämlich nicht sehr widerstandsfähig. Wenn Sie also nichts für Ihren Körper tun, wird Ihr Organismus darauf mit Anfälligkeiten reagieren. Sie sollten sich immer vor Überanstrengung hüten. Zu Ihren am meisten gefährdeten Körperregionen zählen die gesamte Wirbelsäule und die Bandscheiben. Leider gehören Sie zu jenen Menschen, die sehr oft von Rheuma bedroht werden. Feuchtigkeit ist für Sie deshalb besonders gefährlich. Sie holen sich meist Ihr Rheumaleiden nach einer starken Erkältung. Beugen Sie auf diesem Gebiet daher lieber vor.

Durch einen deutlichen Skorpion-Einfluß in Ihrer dritten Waage-Dekade können bei Ihnen Beschwerden in der Blase, in der Harnröhre, im Mastdarm, im Kopf, in den Nebenhöhlen und im Nasen-Rachen-Raum vermehrt auftreten. Jede Infektion kann, wenn sie nicht rechtzeitig ärztlich behandelt wird, bei Ihnen besonders hartnäckige und verhängnisvolle Formen annehmen.

Gerade bei Ihnen ist es wichtig, daß Sie sich selbst beobachten und auch die kleinsten Beschwerden ernst nehmen. Gehen Sie lieber einmal zuviel zum Arzt. Sie können damit manch langwieriges Leiden verhindern. Bei Ihnen treten nämlich bei verhältnismäßig harmlosen Krankheiten erhebliche Komplikationen auf. Doch haben Sie keine Angst: Sie sind bei entsprechender ärztlicher Betreuung und bei einem starken Willen zur Genesung als Waage-Mensch schneller wieder auf den Beinen als andere. Eines aber muß dabei bedacht werden: Nikotin und Alkohol können da viel verderben. Sie sollten diese beiden Untugenden nicht zum Problem werden lassen.

Sie neigen in verstärktem Maße zu Störungen im Verdauungstrakt. Bei Ihnen rächen sich in erster Linie schwere Ernährungssünden. Meiden Sie daher Süßigkeiten. Nehmen Sie mehr Obst und rohes Gemüse zu sich. Streichen Sie den weißen Industriezucker aus Ihrem Speiseplan. Sie belasten sonst Ihre Nieren zu sehr.

Besonders anfällig sind Sie in der kalten Jahreszeit für Bronchitis, Husten und Grippe. Kämpfen Sie nach Absprache mit dem Arzt mit Kneipp-Methoden und Sauna-Besuchen gegen diese Gefahren an. Merken Sie sich aber auch: Sie brauchen als Garant für Ihre Gesundheit seelische Ausgeglichenheit. Bemühen Sie sich um Optimismus und Fröhlichkeit. Meiden Sie Lärm, und betreiben Sie als Entspannung autogenes Training!

Wenn Sie einmal wirklich krank sind, dann müssen Sie Geduld haben. Sie neigen nämlich durch den Skorpion-Einfluß mitunter sehr stark dazu, den Ärzten und Medikamenten zu mißtrauen, wenn Sie nicht im Blitztempo gesund werden. Bauen Sie diesen Argwohn durch offene Aussprachen mit dem Arzt Ihres Vertrauens ab. Liebe Menschen können Ihnen da sehr helfen. Aber vermeiden Sie eines: Reagieren Sie Ungeduld und schlechte Laune nicht an diesen Leuten ab. Das schafft Mißstimmungen am Krankenbett. Ganz besonders wichtig ist für Sie, daß Ihr Arzt bei Ihnen auch eine psychologische Aufgabe übernimmt und viel mit Ihnen spricht. Ein Doktor, der Ihnen stumm die nötigen Injektionen verabreicht und Medikamente verschreibt, ist denkbar ungeeignet für Sie. Vorsicht: Im Fall einer Erkrankung ist bei Ihnen eine Verstopfung ernst zu nehmen. Sie kann große Probleme schaffen.

Tips für Freizeit und Urlaub

Für Sie gilt grundsätzlich: Wenn Sie sich nicht eine komfortable und besonders extravagante Reise in die Fremde leisten können, ist es für Sie meist besser, Sie bleiben im Urlaub daheim und machen es sich da gemütlich. Wenn Sie wegfahren, so brauchen Sie unbedingt jemand, der mit Ihnen alles genau im voraus plant. Sie bringen nämlich vor lauter Überlegen nicht den nötigen Antrieb zur Ausführung mit. Als Waage-Geborener der dritten Dekade können Sie sich fast nie allein entscheiden, wo Sie eigentlich hinwollen. Sie werden von zahllosen »Wenn« und »Aber« bedrängt. Wenn Sie sich auf Reisen wirklich wohl fühlen wollen, dann dürfen Sie nicht zu sehr aufs Geld schauen. Sie wünschen sich einen gewissen Luxus. Er macht Sie glücklich und garantiert für besondere Erholung. Sie wohnen eben lieber in einem Hotel erster Klasse, reisen im Flugzeug oder im Luxusschiff. Vorsicht ist bei vorprogrammierten Gesellschaftsreisen geboten. Sie sind nicht der geeignete Typ dazu. Vergessen Sie nicht, daß Sie zwar im Urlaub viel Betriebsamkeit und lebendige Gesellschaft benötigen, daß Sie aber für Körper und Seele unbedingt Stunden der Erholung brauchen. Sie könnten sonst in einen Erschöpfungszustand geraten, der später eine Krankheit nach sich zieht. Da Sie in Sachen Flirt im Urlaub oft keinerlei Hemmungen haben, sollten Sie sich da sehr unter Kontrolle haben. Nach den Ferien könnten da ungeheure Probleme auftauchen. Außerdem kränken Sie vielleicht einen lieben Mitmenschen damit zutiefst. Einen gewissen Egoismus sollten Sie in den Ferien vergessen.

Wenn Sie ein Kind haben

Als Waage-Geborener der dritten Dekade bringen Sie zum Erziehen gute Voraussetzungen mit, neigen aber oft zu einem zu strengen Regiment. Sie müssen auch nachgeben können. Es gelingt Ihnen rasch, die Talente Ihres Sprößlings zu erkennen und zur Entfaltung zu bringen. Sie haben die Gabe, das Kind schnell für eine Aufgabe zu begeistern, auch wenn es vorerst daran überhaupt nicht interessiert ist. Sie müssen nur Geduld haben. Überschütten Sie Ihren Nachwuchs nicht mit Geschenken. Sie leisten sonst einer gewissen Unverschämtheit Vorschub. Bemühen Sie sich, auch Partner des Kindes zu sein, und nicht Diktator. Allerdings müssen Sie das immer wieder neu entscheiden. Ein Kind, das von Ihnen immer den Erwachsenen gleichgestellt wird, nimmt sich bald den Eltern gegenüber allzuviel heraus.

Wenn du ein Waage-Kind bist

Wenn du noch ein Kind bist, das im Zeichen der Waage in der dritten Dekade geboren ist, dann brauchst du sehr viel Liebe. Sonst bist du in Gefahr, sonderlich und eifersüchtig zu werden. Du bist schwierig: Du kannst sehr brav sein, dann wieder bist du so schlimm, daß man es kaum fassen kann. Vielleicht findest du da einen Mittelweg. Zeig Deinen Eltern, daß du sie lieb hast. Wenn du unschlüssig bist, muß man dir sofort helfen und dich beraten. Auch wenn es dir am nötigen Willen für etwas fehlt, wende dich vertrauensvoll an Mutter und Vater. Merke dir: Man muß sich für Fehler auch entschuldigen können.

Die Geburtstagsfeier

Viele Anregungen und ein köstliches Geburtstagsmenü

Feiern Sie an Ihrem Geburtstag doch einmal wieder richtig. Zum einen macht es Spaß, einmal im Jahr die Hauptperson zu sein, zum anderen können Sie sich Freunde einladen, die Sie gerne um sich haben.

Ihre Einladung kann ganz unterschiedlich ausfallen, je nach dem Rahmen, den Sie für Ihr Fest wünschen. Wenn Sie sich für eine Einladungskarte entschließen, so sollte darauf zu lesen sein: Der Anlaß der Feier (z. B. Geburtstagspicknick, -gartenfest, -grillparty etc.), das Datum, die Uhrzeit, zu der Sie beginnen möchten, Ihre genaue Adresse oder die Anschrift, wo gefeiert wird, Ihre Telefonnummer sowie die Bitte um Nachricht, ob der oder die Eingeladene kommen wird.

Am besten legen Sie Ihr Fest auf das Wochenende oder vor einen Feiertag. Dann kann jeder am folgenden Tag ausschlafen.

Zum organisatorischen Ablauf: Anhand der Anzahl der geladenen Gäste prüfen Sie, ob Sie genügend Gläser, Bestecke, Sitzgelegenheiten und Getränke haben. Sorgen Sie auch für die passende Musik. Lassen Sie sich bei den Vorbereitungen von hilfsbereiten Freunden helfen.

Als Anregung für Ihre Geburtstagsfeier hier einige nicht ganz gewöhnliche Vorschläge:

Der Kaffee-Klatsch

Sie veranstalten einen richtigen altmodischen Kaffee-Klatsch am Nachmittag, laden alle Ihre lieben Freundinnen ein und bitten jede, einen eigenen Kuchen oder Plätzchen zur Bereicherung der Kaffeetafel mitzubringen. Dazu lassen Sie sich eine wunderschöne Tischdekoration einfallen, bieten vielleicht Irish Coffee und Russische Schokolade (mit Schuß!) an, und ganz bestimmt gehen Ihnen die Gesprächsthemen nicht aus.

Die Bottle-Party

Oder – der Gerechtigkeit halber – eine männliche Variante: Sie trommeln Ihre besten Freunde und Kumpel zusammen und geben eine ebenso altmodische Bottle-Party, zu der jeder, der mag, ein Getränk beisteuert. Als »Unterlage« vielleicht etwas Käsegebäck oder deftige Schmalzbrote. Das wird sicher eine Geburtstagsfeier, an die jeder gerne zurückdenken wird.

Die Cocktail-Party

Sie veranstalten eine Cocktail-Party mit möglichst vielen Freunden und lassen die wilden Jahre (die bei den meisten im Alter zwischen 20 und 30 Jahren stattfinden – bei manchen enden sie nie...) wieder auf- und hochleben. Dazu sollte die Musik sorgfältig ausgewählt werden. Vielleicht sogar Charleston à la 20er Jahre vom Grammophon? Ein geübter Barmixer findet sich bestimmt unter Ihren Freunden. Da wahrscheinlich wild getanzt wird, brauchen wir viel Platz zum Tanzen. Eine feinsinnige Tischordnung entfällt.

Der Spezialitäten-Abend

Wir laden eine kleinere Runde zu einem fremdländischen Menü ein. Die Frage, ob Italienisch, Französisch, Chinesisch, Mexikanisch... lösen Sie ganz nach Ihrem Geschmack. Servieren Sie mehrere Gänge und die dazu passenden Getränke. Viele Kerzen und leise Musik machen das Ganze stimmungsvoll.

Die Picknick-Fete

In der wärmeren Jahreszeit machen eine »Picknick-Radel-Tour« oder auch ein »Geburtstags-Spaziergang« sicher allen Spaß. Diese Möglichkeit bietet sich insbesondere auch an, wenn Gäste ihre Kinder mitbringen wollen. An einem Fluß, auf einer Wiese oder in einem Park wird dann Rast gemacht und im Freien geschmaust.

Das herbstliche Pendant dazu wäre ein »Kartoffelfeuer-Picknick«. Die neuen Kartoffeln werden im Lagerfeuer gegart. Das macht Spaß und schmeckt ausgezeichnet. Im Winter können Sie die Möglichkeit eines »Schneespaziergangs« im Winterwald oder eine »Schlittenfahrt« in Erwägung ziehen, die dann bei einem Punsch zum Aufwärmen und einer rustikalen Brotzeit enden.

Das Grill-Fest

Beliebt und unkompliziert. Benötigt wird nur: Ein Fäßchen Bier, eine Riesensalatschüssel, Würstchen und verschiedene Fleischsorten zur Bewirtung der Gäste, ein offener Grill, um den sich die Hungrigen scharen. Dieses Fest ist rustikal und eignet sich vorzüglich für den Garten oder auch für ein Fluß- oder Seeufer.

Die Keller-Party

Für dieses Fest sollten Sie – dem Publikum entsprechend– eine gute Musik-Auswahl treffen und für eine nicht zu kleine Tanzfläche und Sitzgelegenheiten am Rande sorgen. Ein paar kleine Leckereien und die Getränke-Auswahl bauen Sie am besten im Vorraum, im Flur oder in der Küche auf. Keine teuren Gläser, keine komplizierten Menüs. Jeder bedient sich selbst. Diese Feste sind meist recht lustig und ungezwungen.

Der Kindergeburtstag

Ein Kindergeburtstag mit viel Kuchen und Schokolade ist immer ein Erfolg. Wenn dann anschließend noch Spiele gemacht werden, bei denen hübsche Kleinigkeiten zu gewinnen sind, dürfte die Begeisterung groß sein.

Der Brunch

Das ist eine Erfindung der Engländer, erfreut sich aber auch hier wachsender Beliebtheit. Gemeint ist ein Frühstück, was sich über den ganzen Tag erstrecken kann und aus süßen und salzigen Schlemmereien – warm und kalt –, mehreren Sorten Brot, Kaffee, Tee, Saft, Sekt besteht.

Noch einige Tips zum Schluß: Übernehmen Sie sich nicht bei der Dekoration. Sie ist am nächsten Tag nicht mehr brauchbar. Zwingen Sie niemanden, Dinge zu tun, die er wirklich nicht möchte. Dazu gehört auch das Tanzen. Aber stellen sie vielleicht Pinsel, Farben und Leinwand für spontane Aktionen zur Verfügung. So entstehen manchmal Kunstwerke, die allen Beteiligten Spaß machen.

Das Geburtstagsmenü zum 18. Oktober

Zur Krönung des Geburtstages gehören ein gutes Essen und ein süffiger Tropfen. Vielleicht verwöhnen Sie sich an diesem Tag mit Ihrem Leibgericht oder speisen in Ihrem Lieblingslokal. Vielleicht lassen Sie sich aber auch einmal mit etwas Neuem überraschen und probieren dieses speziell für Ihren Tag zusammengestellte Menü. Gutes Gelingen und guten Appetit!

*

Apfel-Karotten-Salat

2 mittelgroße Äpfel, 200 g junge Karotten, 6 – 7 El Sahne, 1 Schuß Apfelsaft, Zitronensaft, gehobelte Mandeln

Die Äpfel in kleine Würfel schneiden. Die Karotten raspeln und, mit den Äpfeln vermischt, mit einer Sauce aus süßer Sahne, Apfelsaft und etwas Zitronensaft vermengen. Den Salat mit gehobelten Mandeln bestreuen.

Wiener Auflauf

100 g durchwachsener Speck gewürfelt, 750 g gekochte Kartoffeln in Scheiben, 500 g Tomaten in Scheiben, 1 Paprikaschote, in dünnen Streifen, 1 Zwiebel, feingewiegt, 3 Eier, 1/4 l saure Sahne, Salz, Butterflöckchen

Speck und Kartoffeln vermischen. Abwechselnd mit den Tomaten in eine gefettete Auflaufform geben und darüber die Paprikaschote und die Zwiebel verteilen. Die Eier mit der Sahne verquirlen, salzen und über den Auflauf gießen, das Ganze mit Butterflöckchen belegen und bei Mittelhitze 20 bis 30 Minuten backen.

Gefüllte Putenbrust

1 kg Putenbrust, Salz, Pfeffer, Basilikum, 1/4 l Brühe, 1/8 l Wasser, 3 El süße Sahne
Für die Füllung: 1/2 Brötchen, 1/8 l heiße Milch, 40 g Butter, 40 g Zucker, Salz, 1 Eigelb, 20 g gehackte und 20 g gemahlene Mandeln, 1 Eiweiß

In die Putenbrust eine Tasche schneiden, innen und außen würzen. Für die Füllung Brötchen in Milch einweichen, dann ausdrücken. Butter, Zucker, Eigelb schaumigrühren, Brötchen, gehackte und gemahlene Mandeln unterrühren, Eiweiß mit Salz zu steifem Schnee schlagen und unter die Brötchenmasse ziehen. Masse in die Tasche füllen, Öffnung mit einer Rouladennadel verschließen. Brust in Großraumpfanne legen und im vorgeheizten Backofen bei 200 – 225 Grad 60 Minuten braten. Nach 20 Minuten 1/8 l Brühe angießen, nach weiteren 20 Minuten die restliche Brühe angießen, und in 20 Minuten fertiggaren. Fond mit knapp 1/8 l Wasser lösen, mit Sahne binden, und mit Salz abschmecken. Beilage: Kartoffeln, Rosenkohl.

Roquefort-Birne

100 g Roquefort, 5 El Dosenmilch, 2 Birnen, Zitronensaft, Preiselbeeren

Käse mit Gabel zerdrücken, mit Milch zu einer glatten Creme rühren, in Birnenhälften, die mit Zitronensaft beträufelt sind, anrichten und mit Preiselbeeren garnieren.

Glückwunschgeschichte zum 18. Oktober

Liebes Geburtstagskind,

entweder sind die Menschen dümmer oder aber die Technik ist bösartiger geworden, jedenfalls häufen sich bei mir in letzter Zeit folgende Vorkommnisse in erschreckender Weise. Ich befinde mich in einer erwartungsfrohen Stimmung. Irgend etwas sagt in mir, heute ist dein Glückstag, vielleicht wirst du reich oder berühmt, möglicherweise bekommst du einen Orden oder eine Steuerrückzahlung, eventuell ruft dich ein Verlag an und sagt dir, du sollst für ihn einen Bestseller schreiben, oder deine Frau sagt dir ganz schlicht, daß sie mit dir recht glücklich ist. Sie wissen schon, es ist so ein Tag, den innere Freude und Zufriedenheit zu einem herzerwärmenden Tag machen. Da klingelt das Telefon. Aha, jetzt kommt sie also die Freudenbotschaft, die mein Leben verändern wird, noch schöner macht. Ich hebe den Hörer ab, verrate ebenso frohgemut wie erwartungsvoll und akzentuiert meinen Namen – und da macht es in meinem Ohr Knacks! Statt des Lottogewinns tönt aus der Hörmuschel dieser häßliche, gräßliche Knacks, und ich kann diesen Tag zu den anderen vertanen, grauen werfen.

Ich kenne kaum eine Situation im Leben eines Menschen, in der er hilfloser, verlassener, zorniger und wutschnaubender ist, als bei diesem Knacks. Vernunft, minimale Einsichten in die technischen Gegebenheiten unseres elektronischen Zeitalters und eine jahrzehntelange schulische Ausbildung vermitteln mir zwar die Erkenntnis, daß der Kerl oder das Weib am anderen Ende der Leitung einfach aufgelegt hat, weil er/sie sich verwählte und daß er/sie zu faul und zu schlecht erzogen war, sich zu entschuldigen, aber dennoch packt mich jedesmal die nackte, kalte Wut. Jedesmal verursacht dieser Knacks einen Knacks in meinem Seelenleben, und ich könnte den/die Knackser (in) kühl lächelnd erwürgen und bekäme juristische Notwehr im Affekt zugebilligt.

Würden diese Telefonbanditen nur ein dünnes, »tschuldigung« in die Muschel hauchen, der Tag wäre eventuell noch zu retten. Er wäre zwar nicht mehr das, was er vorher war, aber man würde zumindest nicht in dieses dumpfe Rachebrüten verfallen, in diesen ventillosen Zorn, der so frustrierend ist wie ein Wahlkampf. Einen anderen mit einem eigenen Knackser fertigzumachen, nützt nichts. Da kommt zur Wut höchstens noch ein Schuldgefühl hinzu, auch so ein Telefon-Gesetzloser zu sein. Gewalt kann man nicht mit Gewalt bekämpfen. Man kommt sich überdies noch so unsagbar blöd vor, wenn man nach dem Knacksen völlig sinnlos noch ein paarmal »Hallo, Hallo« in die Sprechmuschel brüllt, in der stillen Hoffnung, vielleicht doch noch das Gute im bösen Telefongegner zu wecken. Das ist natürlich völlig idiotisch, denn der Knacks ist ein endgültiger Knacks.

Wie könnte man sich also mit kultivierten, abendländisch-zivilisierten und trotzdem wirksamen Methoden gegen diese Fernsprech-Schurken zur Wehr setzen?

Selbst ist man völlig hilflos, es sei denn, man widersteht grundsätzlich dieser magnetisch-verzaubernden Klingelei und hebt nie ab. Das bringt kein Mensch fertig.

Infolgedessen müßte also die Bundespost als Eigentümer und Nutznießer dieses knacksenden Ungeheuers gegen das Unwesen vorgehen. Ein paar Millionen aus ihrem Milliardengewinn sollte sie, verdammt noch mal, gefälligst in ein Forschungsprojekt stecken, das diese verbrecherischen, einhängenden Falschwählerknacksschufte entweder umgehend dingfest macht oder ihnen bei entsprechendem Verhalten einen solchen Denkzettel verpaßt, daß ihnen das Knacksen ein für allemal gründlich vergeht. Der Apparat könnte den Schurken Seifenlauge in die Visage spritzen oder drei Tage lang nicht abwaschbare Farbe, ihnen einen leichten Stromstoß versetzen oder ihnen den Hörer einfach mindestens dreimal um die Ohren hauen.

Meine Lebenspartnerin wußte übrigens, wie immer, einen praktikableren Rat. »Wenn's klingelt hebst du ab, sagst aber nichts und lauschst nur. Dann muß der andere was sagen und kann nicht knacksen!« Das klappt gewöhnlich, ist aber reine Nervensache.

Entschuldigen Sie mich jetzt bitte, ich muß mal nachhören, ob der Kerl von vorgestern noch dran ist. Wenn ja, knackse ich, weil's mir zu dumm wird.

Alles Gute zum 18. Oktober
Hansjürgen Jendral

Zitate und Lebensweisheiten

Was! Du nimmst sie jetzt nicht,
und warst der Dame versprochen?
Antwort: Lieber! vergib, man verspricht sich ja wohl.

Heinrich von Kleist

Die Zeit, in der wir leben,
verlangt Licht und Aufklärung.

Friedrich III. von Hohenzollern

Was man als Blindheit des Schicksals bezeichnet,
ist in Wirklichkeit
bloß die Kurzsichtigkeit der Menschen.

William Faulkner

So stand es im Buche des Schicksals.

Ovid

Schimmer und Flimmer dauern nicht immer!

Sprichwörtliche Redensart

Hüte Dich vor dem Schleicher,
der Rauscher tut Dir nichts!

Sprichwort

Wenn der Leib in Staub zerfallen,
lebt der große Name noch.

Friedrich von Schiller

Leichtfertigkeit und Ehr'
stimmen miteinander schwer.

Altes Sprichwort

Wir leben nicht, um zu essen; wir essen um zu leben.

Sokrates

Man lebt nur einmal auf der Welt.

Johann Wolfgang von Goethe

Was Hänschen nicht lernt, lernt Hans nimmermehr.

Sprichwörtlich

Die Liebe ist eine ewige Unbefriedigtheit.

José Ortega y Gasset

Nicht die Kinder bloß speist man mit Märchen ab.

Gotthold Ephraim Lessing

Max und Moritz ihrerseits
fanden darin keinen Reiz.

Wilhelm Busch

Keine Maus erstickt unter einem Fuder Heu.

Volksmund

Der Mensch denkt, Gott lenkt. *Nach der Bibel*

Heute haben wir noch die Wahl:
gewaltlose Koexistenz
oder gemeinsame Vernichtung durch Gewalt.

Martin Luther King

Der Mensch macht die Wahrheit groß,
nicht die Wahrheit den Menschen. *Konfuzius*

Es ist beschämender, seinen Freunden zu mißtrauen,
als von ihnen getäuscht zu werden.

La Rochefoucauld

Wenn jemand etwas sehr gerne tut,
so hat er fast immer etwas in der Sache,
was die Sache selbst nicht ist.

Georg Christoph Lichtenberg

Die Welt ist wie ein Meer;
ein jeder geht und fischt,
nur daß den Walfisch der,
den Stockfisch er erwischt. *Friedrich von Logau*

Der Glaube an das Gedruckte ist seit Gutenberg
einer der mächtigsten Aberglauben dieser Welt.

Ludwig Marcuse

Verbunden werden auch die Schwachen mächtig.

Friedrich von Schiller

Das Glück dreht sich wie ein Mühlrad.

Aus Spanien

Die Liebe zur Einsamkeit,
kann nicht als ursprünglicher Hang da sein,
sondern erst infolge der Erfahrung
und des Nachdenkens entstehen.

Arthur Schopenhauer

Der Weise vergißt die Beleidigungen
wie ein Undankbarer die Wohltaten.

Aus China

Wer streiten will, muß sich hüten,
bei dieser Gelegenheit Sachen zu sagen,
die ihm niemand streitig macht.

Johann Wolfgang von Goethe

Auch der Löwe muß sich vor der Mücke wehren.

Sprichwort

Viel Übles hab' an Menschen ich bemerkt;
das Schlimmste ist ein unversöhnlich Herz.

Franz Grillparzer

Der Heilige des Tages

Geschichte und Legende

Lukas

Evangelist

Lukas gehört zu den Evangelisten Matthäus, Markus und Johannes und ist der Verfasser des dritten Evangeliums und der Apostelgeschichte. Beide wurden an einen Christen namens Theophilus geschrieben. Im Christentum bedeutet Evangelium soviel wie Offenbarung Gottes durch Jesus Christus.

Lukas, der in der ersten Hälfte des ersten Jahrhunderts geboren sein muß, wurde im heidnischen Glauben erzogen. Über seine Kindheit und seine Jugend gibt es keine weiteren Überlieferungen. Sein Lebensweg läßt sich erst wieder verfolgen, als er bereits als geschätzter und bekannter Arzt in Antiochien wirkte. Lukas war nicht nur ein guter Doktor, er besaß auch eine außerordentliche Begabung in der Kunst der Malerei.

Es ist wahrscheinlich, daß Lukas um die Mitte des ersten Jahrhunderts mit dem Apostel Paulus zusammentraf und sein Schüler wurde. Er, der Heide, war von den Predigten des Jüngers Jesu Christi so ergriffen, daß er bekehrt wurde und sich taufen ließ. Etwa im Jahr 50 schloß er sich Paulus ganz an und begleitete ihn fortan.

Als die beiden Männer nach Griechenland kamen, entschloß sich Lukas, dort zu bleiben und ließ Paulus allein weiterziehen. Auf Veranlassung des Apostels verfaßte Lukas für die Bekehrten ein Evangelium in griechischer Sprache. Sieben Jahre später kehrte er mit Paulus, den er wiedergetroffen hatte, nach Jerusalem zurück.

Überlieferungen berichten weiter, daß Lukas auch bei Paulus war, als dieser zweimal in Rom verhaftet und eingesperrt wurde. Nach dem Tod des großen Apostels soll Lukas dann in Achaia in Griechenland missioniert haben und dort im Alter von 84 Jahren eines natürlichen, friedlichen Todes gestorben sein. In Griechenland hat Lukas auch sein Evangelium und die Apostelgeschichte verfaßt.

Im Jahr 375 ließ Kaiser Konstantius II. die Gebeine des Evangelisten von Griechenland nach Konstantinopel überführen. Bald darauf wurden sie in der neuerbauten sogenannten Apostelkirche beigesetzt. Reliquien befinden sich heute auch in der Kirche Santa Giustina in Padua.

Der Heilige Lukas wird von den Ärzten, Chirurgen, Künstlern, Malern, Goldschmieden, Notaren und Metzgern als Schutzpatron verehrt. Abgebildet wird er als Maler vor einer Staffelei, mit einem Stier, dem Symbol der Evangelisten, oder mit einer Schriftrolle oder einem Buch.

Persönlicher, immerwährender Kalender

FÜR EWIG

Denn was der Mensch in seinen Erdeschranken
Von hohem Glück mit Götternamen nennt,
Die Harmonie der Treue, die kein Wanken,
Der Freundschaft, die nicht Zweifelsorge kennt;
Das Licht, das Weisen nur zu einsamen Gedanken,
Das Dichtern nur in schönen Bildern brennt,
Das hatt ich all in meinen besten Stunden
In ihr entdeckt und es für mich gefunden.

Johann Wolfgang von Goethe

Januar	Februar
1	1
2	2
3	3
4	4
5	5
6	6
7	7
8	8
9	9
10	10
11	11
12	12
13	13
14	14
15	15
16	16
17	17
18	18
19	19
20	20
21	21
22	22
23	23
24	24
25	25
26	26
27	27
28	28
29	29
30	
31	

März	April
1	1
2	2
3	3
4	4
5	5
6	6
7	7
8	8
9	9
10	10
11	11
12	12
13	13
14	14
15	15
16	16
17	17
18	18
19	19
20	20
21	21
22	22
23	23
24	24
25	25
26	26
27	27
28	28
29	29
30	30
31	

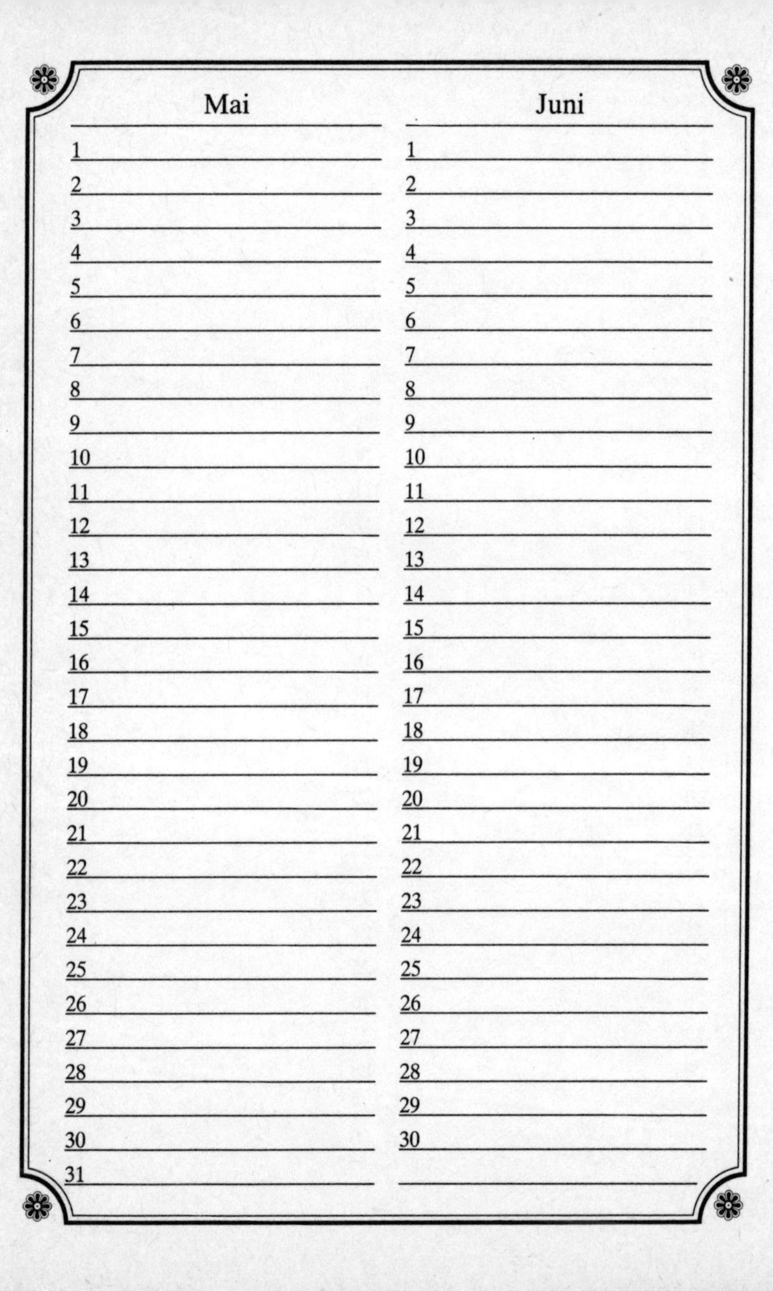

Mai	Juni
1	1
2	2
3	3
4	4
5	5
6	6
7	7
8	8
9	9
10	10
11	11
12	12
13	13
14	14
15	15
16	16
17	17
18	18
19	19
20	20
21	21
22	22
23	23
24	24
25	25
26	26
27	27
28	28
29	29
30	30
31	

Juli	August
1	1
2	2
3	3
4	4
5	5
6	6
7	7
8	8
9	9
10	10
11	11
12	12
13	13
14	14
15	15
16	16
17	17
18	18
19	19
20	20
21	21
22	22
23	23
24	24
25	25
26	26
27	27
28	28
29	29
30	30
31	31

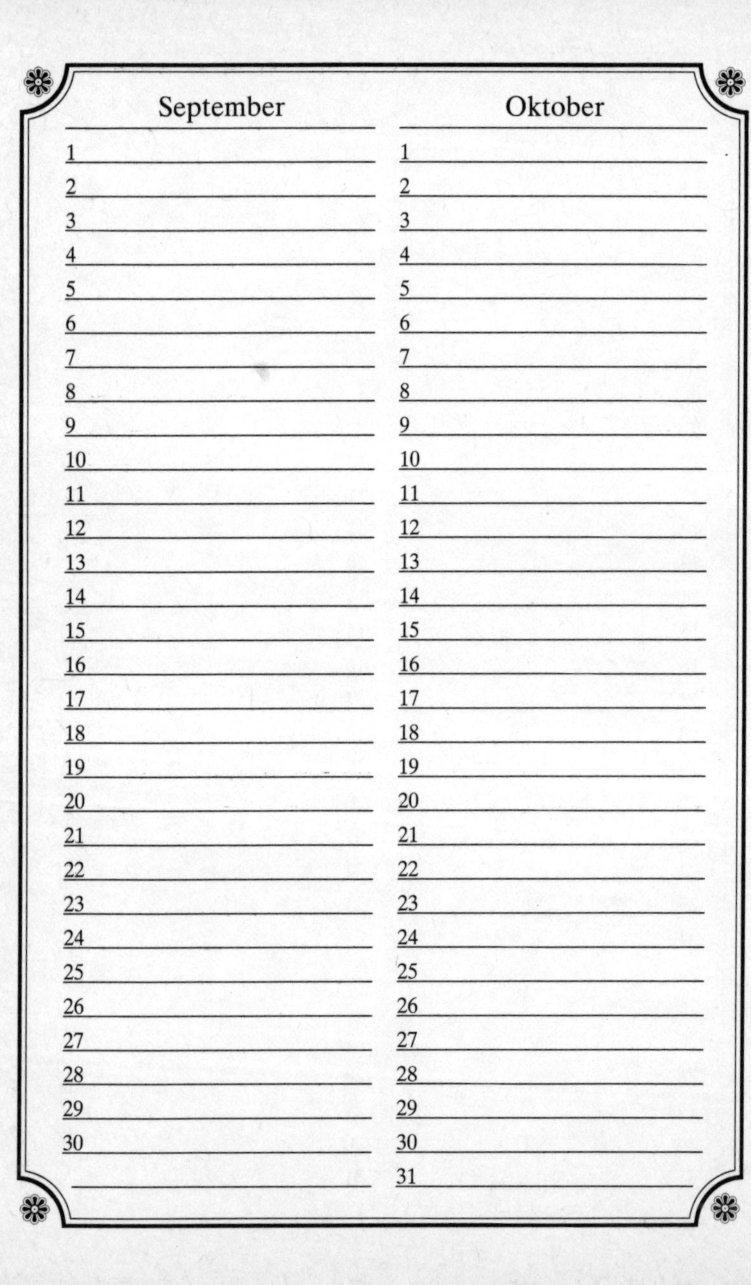

September	Oktober
1	1
2	2
3	3
4	4
5	5
6	6
7	7
8	8
9	9
10	10
11	11
12	12
13	13
14	14
15	15
16	16
17	17
18	18
19	19
20	20
21	21
22	22
23	23
24	24
25	25
26	26
27	27
28	28
29	29
30	30
	31

November	Dezember
1	1
2	2
3	3
4	4
5	5
6	6
7	7
8	8
9	9
10	10
11	11
12	12
13	13
14	14
15	15
16	16
17	17
18	18
19	19
20	20
21	21
22	22
23	23
24	24
25	25
26	26
27	27
28	28
29	29
30	30
	31